Pilar Sinquemani

Crónicas de una divorciada

SINGULAR
PUBLISHING LLC.

Cronicas de una Divorciada
Primera Edición por Singular Publishing Group LLC. 2018
Copyright © 2018 por María Pilar Rodríguez Sinquemani
Todos los derechos reservados, incluyendo los derechos de
reproducción total o parcial.

psinquemani@singularpublishingllc.com
Publicado por Singular Publishing Group LLC.

ISBN-978-1-947687-03-5

Edición: Manuel Gayol Mesias
Corrección: Ana Giselle
Diseño de portada: Olivieri Guadalupe
Diagramación de contenido: Jaime Olivieri
Producción: Singular Publishing LLC

Impreso en Estados Unidos de America.

Prefacio

Venimos para ser el recuerdo que dejamos.
Queremos por igual, todo aquello,
lo intangible cual no vemos
y al final siempre buscamos.

P. Sinquemani

Capítulo 1

Eran las seis y cuarenta de la tarde y el bullicio cotidiano de la hora pico en la ciudad de Nueva York retumbaba como un tambor en la cabeza de Jacqueline Kingsley. El viento otoñal arropaba la ciudad, siendo esa tarde más fría que otras, aunque Jacqueline permanecía indiferente, gracias a su pomposo y peludo abrigo que refugiaba su menuda figura.

La gente andaba aglomerada por la calle y nerviosa, como en piloto automático, o como animales que van emigrando en manada hacia un monte cercano. Los autos y taxis amarillos frenaban de en seco frente a la luz roja, dejando una estela de humo y las marcas de los neumáticos sobre las líneas peatonales, como quien llega tarde a cualquier lugar.

—Que esté a tiempo —se dijo a sí misma Jacqueline pensando en su amiga Ariana. Andaba por la calzada hasta la intersección que daba esquina con la Quinta Avenida y cruzó cubriendo su peinado de la llovizna que comenzaba a apretar. Llegó frente a las escaleras del hotel Saint Regis y sonrió al portero. Él se echó a un lado, dándole paso y ella subió las escaleras.

—Buenas noches, señora —dijo el joven uniformado, como un soldado londinense sin sombrero.

Jacqueline le devolvió el saludo, con una sonrisa forzada, al tiempo que arrastraba un par de pisadas sobre la alfombra, color cereza, secando con ella la suela de sus zapatos. Entró al vestíbulo del hotel por la puerta giratoria y andaba admirando la tradicional decoración francesa del lugar que a ella le encantaba. Los techos y paredes lucían moldes exquisitos y los enmarcados dorados de los cuadros resaltaban, contrastando, con los suelos de mármol italiano de la mejor calidad. Brillaban como espejos.

El hotel Saint Regis era un punto de encuentro ideal para empresarios y políticos importantes. La elegancia de sus salones privados también daba espacio a importantes anfitriones de conferencias médicas o reuniones de corporaciones multinacionales.

Jacqueline encontró el lugar aglutinado de gente engalanada. Los hombres estaban vestidos en trajes de chaqueta y las pocas mujeres en el ambiente reían hablando entre ellas, luciendo sus vestidos de telas brillosas y elaboradas. Se podía escuchar el avispero de voces y algunos hombres observaban el área desde sus asientos como estatuas, sin disfrutar de la ocasión o de la copa de champán que sostenían.

Jacqueline llegó al lujoso bar del hotel viéndolo pesadamente abarrotado de parejas y algún que otro grupo de jóvenes profesionales que parecían entretenerse en conversaciones llanas. Jacqueline paseó la vista por el lugar advirtiendo que su amiga Ariana aún no había llegado y no le extrañó. Sabía que Ariana no era dada a entregar puntualidad en sus citas.

Como siempre, Jacqueline se sintió protegida por la desconfianza que la embargaba al verse sola en lugares revoltosos, y caminó hasta la barra llamando la atención del barman mientras se acomodaba en la única banqueta vacía.

—¡Permiso! Una copa de vino, por favor.

—¿Blanco o rojo?

—Rojo, cabernet si lo tiene por copa.

El joven tomó una copa de cristal de la repisa a sus espaldas.

—Sí. Lo tenemos por copa—dijo—¿Le abro una cuenta?

—No. Estoy esperando a alguien y no sé si nos quedaremos.

Jacqueline le dio su tarjeta y el barman, sin darse cuenta, al inclinarse hacia ella para tomar la tarjeta, hincó la mirada en su rostro admirando su semblante angelical y piel blanca como la porcelana. Sin embargo, más que su belleza, al barman le impresionó el juego de pulseras de oro blanco con piedras preciosas que destellaban su esplendor, a pesar de que la luz era tenue en ese espacio.

Al cabo de un rato, Jacqueline ordenó una limonada. No era muy aficionada al alcohol y aunque usualmente disfrutaba una copa de vino, la mayoría de las veces la dejaba sobre la mesa sin terminar.

Jacqueline paseaba la vista por el área, atisbando a su alrededor hasta que su mirada coincidió con un señor alto, de piel canela. El hombre la escrutaba sonriente, mostrando su dentadura blanca como vajilla recién lavada. Iba bien vestido con una chaqueta azul marino, bien prensada, y pantalón a juego de buen corte y corbata de rayas. Jacqueline le sonrió desganada. Quien bien la conocía, sabía que era una dama chapada a la antigua.

Al cabo de un buen rato, Jacqueline determinó que, como en otras ocasiones, esperaría a Ariana más tiempo de lo que le gustaría y encontró lógico despojarse de su abrigo.

El mozo del piso se le acercó ayudándola en la tarea y le entregó un papelito amarillo con su número de artículo.

—Gracias —dijo Jacqueline y guardó el boleto en la cartera.

—Lo engancharé allí —dijo el joven señalando un armario esquinado, contiguo a la entrada. Ella asintió agradecida y el chico se fue. En eso, Jacqueline sintió la cercanía del hombre alto de piel canela, que había tomado el asiento próximo a ella mientras pedía al barman una copa de vino.

Jacqueline se echó hacia un lado buscando distancia pero algo en ella capturaba su atención y la miraba fijamente.

—Parece que ha tenido un día pesado —dijo él. —¿Mucho trabajo?

—Yo no trabajo —respondió Jacqueline en tono defensivo.

—¿Es de aquí?– le preguntó él.

—Sí, vivo a dos cuadras.

—Vaya, buen vecindario, ¿no?

Jacqueline asintió a la vez que lo escrutaba detenidamente de arriba abajo, hasta que sin darse cuenta hincó la vista en su mirada. El hombre tenía cara de buenazo que adornada por un par de espejuelos tan gruesos que daban a sus ojos un aspecto pocamente atractivos y tan pequeños como lentejas. Eran de ese tipo de espejuelos de montura delgada con lentes gordos como culo de botellas. Sin embargo, el hombre vestía un aura serena que complementaba su presencia con un aire tiernamente inofensivo. Jacqueline bajó la guardia.

—Preferiría vivir en SoHo —dijo ella —aquí es demasiado aburrido. Sobre todo, para los niños.

—¿Tiene hijos?

—Sí, dos. De paso le diré que no vengo al bar a ligar con nadie. Soy casada…

—Ja, ja, ja, bien, gracias por ponerme al día—dijo él – pero no estaba haciéndome ideas de nada. Soy médico y hoy terminé una conferencia de dos días. No conozco a nadie aquí, así que me animé a tomar una copa antes de irme a dormir… He sufrido algo de insomnio las pasadas noches…Me llamo William, William Harron —concluyó el hombre extendiéndole la mano.

—Jacqueline Kingsley —respondió ella —Dicen que la leche tibia cae mejor que el alcohol para combatir el insomnio, aunque si usted es médico lo sabría mejor que yo.

—Quizás insomnio no es la palabra… Sí, soy médico, pero como médico le diría que no siempre llevamos bien nuestros propios consejos.

—Mi cuñado también es médico, de medicina general —dijo ella — pero se ha mudado a Suiza con mi hermana, ella es nutricionista.

—¿Qué hacen en Suiza?

—Están abriendo unas facilidades especializadas en el tratamiento de obesidad. Él y otros médicos están envueltos en la investigación de un programa que, según mi hermana, podrían resultar revolucionarios en el tema. Muy interesante.

—Sí, suena interesante —dijo él.

Jacqueline se iba sintiendo menos cohibida.

—¿Vive en la ciudad? —preguntó Jacqueline.

—No, vivo en Nueva Jersey

—¡Qué horror! Todo queda tan lejos allí. Yo no me podría acostumbrar.

—Nueva Jersey es grande, pero tiene áreas residenciales excelentes.

—¿Su oficina está allí?

—Sí, acabamos de abrir una policlínica y nuestro grupo aún se está organizando.

—Ya veo... ¿Qué tipo de medicina practica? —le preguntó ella.

—Soy neurólogo, pero mi participación con el grupo en la policlínica es de inversionista. Tenía consulta en el área de Nuevo Brunswick, pero la vendí y ahora me dedico más a la parte de inversiones y proyectos clínicos de intervenciones no invasivas.

—Interesante —expresó ella como a quien le importara poco. En realidad el tema de la medicina le resultaba a Jacqueline tan entretenido como un dialecto chino. Entonces, Jacqueline sacó el celular mirando la hora.

—¿Espera a alguien? preguntó William sonando interesado.

—Sí, a una amiga —dijo Jacqueline y en eso recibió un mensaje de texto. "Te llamo en veinte minutos, camino a Península, Ari". —Fabuloso, ahora va al Hotel Península... Quién la entiende...

—¿Hotel Península? Creo que queda a tan sólo una cuadra, o menos...–dijo él.

—Sí, ya lo sé...Menos mal que vivo a dos calles. Ya casi se me quitan las ganas de salir.

William y Jacqueline se enfrascaron en su conversación, y Jacqueline se mantenía entretenida escuchando sus anécdotas sobre viajes al extranjero. Era evidente que William llevaba una vida activa y, según le contaba, muchos de sus viajes estaban relacionados con negocios de inversiones en bienes raíces en diferentes estados.

Jacqueline supuso que el hombre bien podría costearse un lujoso apartamento en el corazón de Manhattan y le preguntó sobre esa alternativa. William le admitió que era un poco retraído y, aunque no lo pareciera por su estilo de socializar, se consideraba un hombre sencillo que prefería la tranquilidad de los suburbios a la escandalosa y vibrante ciudad.

Jacqueline le refirió algunos restaurantes conocidos que estaban en el área y gozaban de buena fama. William la escuchaba resultándole gracioso verla deleitarse de tan solo describir los manjares que servían en ellos y ella tanto disfrutaba.

Al rato Jacqueline escuchó su celular y se levantó del taburete.

—Disculpe, vengo enseguida —dijo ella y se retiró lo suficiente como para escuchar a su amiga. Ariana le dijo que ya la esperaba en el restaurante de moda que quedaba en el último piso del Hotel Península, y le aseguró que el ambiente allí era más divertido y menos pesado que en el bar del Hotel Saint Regis.

Jacqueline quedó en verla en breve; en seguida fue al bar y pidió la cuenta pero para su sorpresa el afable desconocido, William, ya había pagado.

—Muchas gracias —le dijo ella. Se sintió halagada.

Esa noche fue la primera en mucho tiempo que Jacqueline socializó libremente, sin el agobiante escrutinio de su esposo.

Jacqueline no solía salir de su casa después de las siete de la noche, a menos que fuera a una de las fiestas del trabajo de su esposo, y hacía dos años que Phil no la llevaba a ningún lado. A ella tampoco le importaba demasiado, encontraba las cenas y fiestas de oficina, como ella las llamaba, un tanto aburridas. Las pocas veces que durante los últimos años Jacqueline le acompañó, le había dado por sentarse en algún rincón, fingiendo disfrutar de lo poco que escuchaba entre las parejas que hablaban sobre la música de violines que siempre estaba presente como un telón de fondo.

El inesperado encuentro con William, le resultó inusualmente interesante. No porque lo encontrara atractivo, sino porque William era un hombre culto y sensiblemente respetuoso, que supo entretenerla con buenos modales y buena conversación.

Jacqueline pidió su abrigo y al ver que William aún no se iba, se le acercó.

—William, ha sido un placer conocerlo— dijo ella sacando su celular de la cartera— llámeme para tener su número y así usted también tiene el mío... Quizás la próxima vez que venga a la ciudad podamos ir a cenar a uno de esos restaurantes que le mencioné —dijo, y ni ella misma creía lo que hacía. Jamás se había lanzado así a un desconocido, hasta ese momento.

—Sí, claro —respondió William sorprendido.

El hombre sacó su móvil del bolsillo y al instante intercambiaron números. Entonces el mozo de piso le dio el abrigo a Jacqueline y la ayudó a cobijarse.

Jacqueline salió del sitio y llegó animada al Hotel Península, que quedaba a un bloque de distancia.

El vestíbulo carecía del gentío que tan poco le agradaba del Saint Regis. Subió en el ascensor hasta el último piso y pronto se abrieron las puertas exponiendo el lujoso lugar que gozaba de dos áreas: un restaurante bajo techo con mesas cuadradas de caoba vestidas con manteles blancos de buen hilo.

El enorme ventanal dividía la sección del restaurante bajo techo y el área al aire libre, que era una enorme terraza que bordeaba los dos últimos pisos del edificio. Las enormes ventanas que rodeaban el lugar vestían cortinas de terciopelo color rojo con elaborados bordados color dorado. Aunque la vista desde lo alto invitaba a una cena romántica o rica velada entre amistades, esa noche la lluvia no permitió tal opción. Jacqueline dejó su abrigo con la asistente del cuartillo donde los guardaban y buscó a Ariana con la vista cuando de repente sintió que la agarraban por el brazo.

—¡¿A dónde crees que vas?! —dijo Ariana en tono alegre y pasada de copas.

—¡Pero no cambias nada! —dijo Jacqueline, y la abrazó. Aunque Ariana y Jacqueline hablaban a menudo, hacía más de un año que no se veían.

—Ven, ven, tengo aquella mesa —le dijo Ariana señalando una mesa pequeña y redonda en el medio del salón.

—¿No me dijiste que vendrías con Lauri? ¿Dónde está? —le preguntó Jacqueline.

—Lauri es una cagona; no quiso llegar porque su esposo se iba a molestar.

—¿En serio? Pero pensé que su esposo no le daba problemas.—dijo Jacqueline.

—Precisamente, no le da problemas porque ella no hace nada sin él, aunque eso la lleve a mascar cables toda una noche.

—Ja, ja, ja, ¡qué exagerada eres! —dijo Jacqueline entre risas.

—¡Es cierto! ¿Crees que estoy exagerando? ¡Pues no! No estoy exagerando... La pobre mujer vive como cualquier convicto en arresto domiciliario.

—¡Horror! —dijo Jacqueline mirando al camarero—¿Nos da la carta de vinos, por favor?

—Sí, señora —dijo él y en eso llegó el sumiller con la carta de vinos. Poco después el camarero les entregó el menú a la vez que recitaba los especiales de esa noche. Ariana ojeaba la carta de vinos ya que poco le interesaba el menú pues prefería un buen vino a cualquier manjar. Jacqueline sonreía viendo como Ariana pasaba sus largas uñas despeinando su moderno recorte "pixie". Su cabello negro azabache contrastaba con sus enormes ojos verdes, y sus facciones perfiladas le daban un aire a Elizabeth Taylor.

Pidieron entremeses y una botella de vino rojo, del área de Napa Valley, que eran los preferidos de Ariana y, como Jacqueline no era de mucho beber, le daba igual. Le agradaba complacer a su amiga a quien veía como una hermana menor, más por su actitud que por diferencia de edades. Jacqueline solo le llevaba año y medio.

—¿Cuándo me vas a presentar a los socios de tu esposo para venderles propiedades?—dijo Ariana.— Bienes raíces es la mejor inversión, especialmente en Nueva York.

—Sabes que últimamente no puedo tan siquiera pedirle la hora a Phil. Lleva meses con un carácter insoportable.

—Sabes lo que pienso de eso, ¿verdad?

—¿Qué? —respondió Jacqueline en suspenso.

—Debe estar a un paso de pedirte el divorcio. Así se ponen cuando están enamorados de otra... Todo les apesta de tí —recalcó Ariana.

—Ya lo sé, pero ¿qué quieres que haga?

—¡Confróntalo!

—¿Y decirle qué?, que he descubierto los correos electrónicos de una tal Reyna y quiero que deje de verla?

—¡Precisamente! —dijo Ariana desafiante. No soportaba las infidelidades de Phil, ni a Phil.

—¿Y si al confrontarlo empeoro las cosas y Phil usa eso como excusa para irse de casa? —le preguntó Jacqueline como si le suplicara por un consejo que sirviera de consuelo.

—No me extrañaría. Ya no duerme contigo, Jacky. ¿A quién engañas?

—Por lo menos todavía lo vemos en casa y todo sigue como siempre —dijo Jacqueline.

—Nada sigue como siempre, Jacqueline... No es normal que de siete noches, tu esposo ni siquiera duerma tres corridas en su propia casa.

—¿Crees que es grave? —preguntó Jacqueline en voz baja y mirada apagada.

—Tienes que hacer un plan— propuso Ariana.

—Sí, ¿pero qué plan?

—Los hombres son fabulosos mientras le hagas gracia en la cama pero cuando se aburren de una y conocen a una zorra que sabe dar tres vueltas en el colchón se transforman en un caso perdido... No te querrán ver ni en la cocina.

—Yo pensaría que tras tantos años de matrimonio me debería preocupar menos —dijo Jaqueline. Como si pensara en voz alta.

—¡Al contrario! Los hombres son como niños, hay que mantenerlos con la barriga llena y entretenidos.

—Pero, ¡mira tu ejemplo!, Ari... Por más que inventabas escapadas románticas con Carlos no te sirvió de nada.

—Cierto, pero que no se te olvide que Carlos no me salió mujeriego, salió homosexual. Esa es una gran diferencia, amiga.

—¡Jamás me lo hubiera imaginado! ¿Te piensas divorciar?

—Claro que sí. ¡Qué pregunta! — contestó Ariana indignada.

—Y tu primo, ¿no se ha disculpado contigo?

—¿Por acostarse con mi esposo en mi propia cama? ¿Estás de broma?

—Pienso que sería lo menos que podría hacer. Total, ya eso no importa.—dijo Jacqueline en voz baja.

—Ese idiota no contesta tan siquiera una llamada. Y me ha puesto una orden de alejamiento. ¿Puedes creerlo? ¡Ridículo!

— ¿En serio te extraña?–dijo Jacqueline en tono sarcástico.—El hecho de que tu primo haya puesto una orden de protección en tu contra es normal... Yo también lo hubiese hecho si me mandas treinta textos seguidos y veintinueve de ellos son amenazas de muerte.

—Por favor, suelta ese tema Jacqueline, cuando le mandé los mensajes estaba borracha. ¡No era para menos!

—Creo que deberías tomar vacaciones de la botella —repuso Jacqueline. También le mencionó que estaba realmente preocupada viendo que mostraba problemas en su compulsión con la bebida. Ariana negó que tuviera un problema con el alcohol asegurándole que ella sólo había enfrentado situaciones y no problemas y la invitó a cambiar el tema. Conversaron y rieron durante la cena y compartieron ideas que pudieran servir para materializar los planes de trabajo de Ariana.

Ariana quería envolverse en bienes raíces, pero en el área comercial. Ella sabía que era más tedioso que trabajar en propiedades residenciales, pero su ambición la impulsaba a dar un cambio. Su interés en esa rama de bienes inmuebles se despertó tras su única experiencia, cuando vendió un pedazo de tierra a una compañía dueña de una cadena de funerarias. La comisión fue más generosa de lo que ella acostumbraba y con el dinero celebró su aniversario de bodas en Italia, junto a Carlos y desde ese gran triunfo, Ariana quedó obsesionada por dedicar su tiempo completo al sector comercial. Por lo general, su experiencia la había llevado a trabajar casos residenciales, arrendando casas y apartamentos por más de veinte años. Su arduo trabajo aún no la llevaba a amasar la pequeña fortuna que hubiese deseado. Era ambiciosa, pero su gusto refinado junto a su impulsividad de comprar no la dejaba guardar un céntimo. Su hijo de veintidós años ya estaba en tercer año de universidad y ahora ella sentía que tenía la flexibilidad de viajar, si fuese necesario, con el fin de hacerse un nombre en el nuevo terreno empresarial.

Terminaban de cenar cuando Jacqueline pidió un café descafeinado. Por su parte, Ariana se sirvió lo que quedaba de vino. Jacqueline apenas había tocado el suyo.

—Bueno, y tú, ¿en qué has estado? ¿Qué tal estaba el ambiente en el Saint Regis?

—Muy bien, conocí a alguien. Un señor simpático —dijo Jacqueline.

—¿A alguien?, eso me suena a algo.

—Nada de eso, es un hombre muy formal. Se ve buena persona.

—A ver, ¿casado, soltero?– le preguntó Ariana como si pidiera referencias.

—No lo sé, hablamos un rato, pero no le pregunté.

—Hum, ¿a qué se dedica? —preguntó Ariana.

—Es doctor.

—Oh amiga, ¡¿hace cuánto no te dan una buena revolcada?!

—¡No hables así! —exclamó Jacqueline sonrojada.

—Sabes que si tu nuevo amigo es doctor tiene una muy buena idea de nuestra anatomía.

—Ja, ja, ja, ja, en las cosas que piensas Ari.

—¿Y tú no? No me culpes... Después de encontrarme a mi esposo en la cama con otro hombre cualquier macho que no sea homosexual me resulta una maravilla.–dijo Ariana– ¿Es guapo?

—No es feo, pero no me interesa. Ahora lo que quiero es rescatar mi matrimonio. Son veintiséis años juntos, Ari... y mis hijos están pequeños todavía.

—Los chicos estarán bien si les dedicas tiempo y los tratas con cariño. Créeme. Es mejor que se acostumbren a pasar un trago amargo como es el divorcio de sus padres a vivir escuchando las peleas... Así van preparando la coraza para enfrentarse a la vida en un futuro.

—A lo mejor la terapia de familia nos vendría bien —dijo Jacqueline.

Ariana la miraba moviendo la cabeza en negación.

—No sé por qué te empeñas en revivir un amor muerto. ¡Búscate algo vivo! Con tantos hombres interesantes que hay en este mundo. Total, Phil ya ha pasado los cincuenta y ya mismo muestra los primeros problemas de próstata y achaques de viejo... ¡Por favor! Búscate uno de treinta con menos millaje.

—No me atrevería, Ari.

—Pues es hora que cambies la actitud. ¿Para qué quieres un viejo amargado como Phil?

—¿Será costumbre? —le susurró Jacqueline.

—Claro que sí —afirmó Ariana dándole palmaditas en la mano.

En ese momento sonó el celular de Jacqueline. Era su empleada doméstica, Donna, quien le dijo que los chicos dormían y ella debía salir a la estación de tren, pues se hacía tarde.

—Está bien, Donna —respondió Jacqueline. —Estoy cerca de casa, en el Hotel Península terminando de cenar con una amiga. Estaré en casa en menos de veinte minutos, vete tranquila.–le dijo Jacqueline y colgó.

—Ya van a dar las doce y Donna tiene que irse.

—¿Cuánto es? —dijo Ariana con la lengua pesada. Se había tomado la botella de vino casi entera, con excepción al último sorbo que aún quedaba en la copa de Jacqueline.

—No te preocupes, pago yo —repuso Jacqueline dejando su tarjeta de crédito en el cuadernillo de vinilo negro.

—Gracias por todo Jacky. No sabes lo bien que me hace verte–dijo Ariana agradecida.

Jacqueline pagó la cuenta y ambas buscaron sus abrigos antes de bajar al lobby del hotel. Desde dentro se veía un chaparrón violento sobre la calle. Entonces, se sentaron en unas butacas y mientras esperaban, hablaron un rato. Ariana le preguntó a Jacqueline por Phil y ella le explicó que él había viajado a Washington D. C. la noche anterior. Llevaba semanas viajando a la capital americana y cada vez paraba menos en casa.

Jacqueline le preguntó a Ariana si había llegado en su vehículo, pero Ariana le comentó que, conociéndose bien, sabía que tomaría unas copas de más y prefirió amigarse con el sentido de responsabilidad. Planeaba volver a casa en taxi o en tren.

La lluvia cesó y Jacqueline llamó a su chofer, Randy, sabiendo que a menudo el hombre transitaba la ciudad por las noches en sus horas libres ofreciendo transportación a referidos de agencias y clientes de otras compañías asociadas con él.

—Le voy a pedir a Randy que te lleve a casa...— dijo Jacqueline y Ariana la abrazó.

—No te preocupes...Ya voy en tren.

—Claro que me preocupo—dijo Jacqueline.

Randy contestó inmediatamente y le dijo que todavía se encontraba trabajando en el área de Manhattan, y sugirió que lo esperaran en el Hotel Hilton en Avenida Las Américas. Pronto transitaría por esa Avenida para dejar a un cliente cerca del área.

Jacqueline y Ariana caminaron par de bloques hasta que se toparon con una pareja que salía de un taxi amarillo y aprovecharon el momento escurriéndose dentro del vehículo como dos ratoncitos. Conseguir taxis disponibles bajo el aguacero era toda una aventura en la cosmopolita ciudad. Llegaron al Hotel Hilton y Jacqueline se bajó mientras Ariana pagaba al taxista, y al salir del vehículo caminaban una junto a la otra. Ariana aguantaba el brazo de Jacqueline buscando balance.

—¿Sabes lo que me quiero tomar? —dijo Ariana.

—Tómate un café —sugirió Jacqueline. —Te vendrá bien.

—¿Un café? ¡Estás loca! Luego no podré dormir. Ven que te invito a un Martini de manzana. ¡Como en los viejos tiempos!

—Yo sólo quiero agua con limón. —contestó Jacqueline.

Entraron al bar del hotel y se sentaron frente a la barra. Ariana se dio el gusto de pedir un Martini de manzana amarga y ambas se envolvieron en su conversación de tal manera que perdieron la noción del tiempo. Ariana ordenó un segundo Martini y Jacqueline comenzaba a preocuparse viendo que Randy aún no llegaba.

—¿Quieres quedarte en casa? Randy no llega. No sé qué le ha pasado, pero ya son las dos de la mañana y me tengo que ir, los chicos están solos en casa.

—Cualquier cosa que pase, tus hijos pueden llamarte al celular —dijo Ariana. — Además, tu edificio tiene más seguridad que el Pentágono. No les pasará nada —dijo Ariana, sintiendo la lengua pesada.

—No. Vámonos ya. Te quedas en casa y te levantas temprano —insistió Jacqueline en tono autoritario. —Has tomado demasiado y no creo que es buena idea que te vayas en tren.

—No, mañana tengo una reunión, a las nueve de la mañana, con un desarrollador de bienes inmuebles. Está organizando el equipo para ventas de un proyecto muy interesante– dijo Ariana con la mirada perdida en su embriaguez.

En eso estaban, cuando Jacqueline recibió una llamada y al contestar vio que apenas le quedaba batería.

—¿Hola?

—Señora Kingsley,– dijo Randy– ¿todavía está en el Hilton? Acabo de llegar, tuve que buscar a un cliente de emergencia al aeropuerto. La llamé tres veces, pero las llamadas iban directo al buzón de mensajes. —aclaró él en tono de disculpa. —Estoy frente a la entrada, al lado de los taxis.

—Ahora vamos, menos mal que llegaste —dijo Jacqueline dejando paga la cuenta.

Ariana la siguió hasta una lujosa furgoneta negra con cristales oscuros. Estaba aparcada con el motor en marcha, y Randy las esperaba con la puerta trasera abierta.

—Buenas noches, señora Kingsley. Buenas noches, Ariana, ¡cuánto tiempo! —exclamó Randy. Conocía a Ariana por más de quince años y sentía un mínimo de confianza.

—Podrías llevar a Ariana a su casa, ¿verdad? —dijo Jacqueline entrando al vehículo.

—Sí, ¿todavía vive en Queens, Forest Hills? —preguntó Randy.

—Sí, pero no me estoy quedando en casa, estoy alquilando un apartamento. Me estoy divorciando, larga historia–dijo Ariana.

—Qué triste, ¡cuanto lo siento!

—Pues yo no. Ja, ja, ja —dijo Ariana entre risas.

Llegaron al edificio de Jacqueline antes de lo esperado. Randy estacionaba frente al edificio mientras el portero avanzaba al vehículo abriendo la puerta.

—Buenas noches, señora Kingsley— dijo el valet, extendiendo la mano.

—¡Nooo! —gritó Ariana alarmada.

—¿Qué ha pasado?—le preguntó Jacqueline y se incorporó nuevamente en su asiento viendo a Ariana leer un mensaje de texto.

—No, ¡no puede ser!, Randy, —dijo Ariana — llévame a casa, en Forest Hills.

—¿A dónde vas? —preguntó Jacqueline—No vayas a estas horas, ¡Ari, por Dios!

—¡Vamos a mi casa! —insistió Ariana.

Jacqueline cerró la puerta halándola hacia sí y Randy siguió con el vehículo en marcha.

—¿Para qué vas a ir a tu casa? Son casi las tres de la mañana. Vete a dormir, ¿no habías alquilado un apartamento, Ari? —dijo Jacqueline.

— Ese hijo de puta de mi primo está en mi casa ahora mismo. ¡Seguro que está en la cama con mi marido! —dijo Ariana.

—Ya te vas a divorciar, Ariana. Deja el tema ya. Tu primo tiene una orden de protección en tu contra. ¡Te van a meter presa! —le insistía Jacqueline intentando convencerla.

Randy conducía sin hacer preguntas. Ariana, era testaruda y más aún en su embriaguez. No asimilaba lo que Jacqueline le aconsejaba y se quejaba entre sollozos. Jacqueline la abrazó y Randy, echó un vistazo por el retrovisor. Su vista se cruzó con la mirada agotada de Jacqueline, y él sonrió. Jacqueline le devolvió la sonrisa al tiempo que se encogía de hombros, sabiendo que la noche con Ariana se haría larga.

Capítulo 2

Pasó un rato antes que se pudiera apreciar el silencio dentro del vehículo de ventanas oscuras. Ariana ansiaba llegar a casa para enfrentar lo inesperado. Por su parte, Jacqueline no se rendía.

—Ari, no vayas a tu casa. Estás bebida y, además, ¿no tienes una entrevista de trabajo mañana? —le animó esperanzada en que recapacitara. —¿Cómo sabes que tu primo está allí? —Dijo Jacqueline en tono inquisitivo.

Ariana la miró desafiante.

—¡Mi vecina me mandó un mensaje de texto! ¡Ya te lo enseñé! ¡Mi primo está en mi casa con mi marido! Canalla... —rabió Ariana.

Jacqueline le echó el brazo y trataba de consolarla haciéndole todo tipo de reflexiones, pero no conseguía aplacar su llanto.

—¿Y qué sabe tu vecina de tu primo? ¿Lo conoce?

—Siempre he vivido una mentira con Carlos —dijo Ariana sacando un pañuelo de la cartera y se enjugó las lágrimas que embarraban sus mejillas cargadas de maquillaje.

—Me escribió que había un coche azul frente a los bidones de basura. Ese coche azul es del imbécil de mi primo.

—¿Por qué no me lo dijiste antes? ¡Ya son las tres de la madrugada, Ari! Podrías mandarle un mensaje a Carlos y le dices que mueva el coche y ya está —dijo Jacqueline. Ariana no la escuchaba y Jacqueline, resignada, se incorporó en su asiento mirando la calle por el cristal.

Hacía tres semanas que Ariana descubrió a su esposo en la cama con su primo y por la impactante impresión, Ariana salió de la casa corriendo, con las piernas temblando como hojas de horror. Desde esa tarde no volvió a ver a su esposo. Tampoco hablaron por teléfono excepto a través de abogados.

Ariana enloqueció de rabia dejando mensajes obscenos tanto a Carlos como a su primo, por más de diez días seguidos. Durante esos primeros días, Ariana no pudo trabajar. Solo contaba con el apoyo de Jacqueline y con un amigo abogado que la ayudaría en el proceso de divorcio inmediato. Ariana pasó los días intentando ahogar sus penas en alcohol, tomando a solas en un apartamento amueblado que ella había rentado a corto plazo. Comenzaba a dar señales de locura gracias a la falta de sueño y el exceso de alcohol.

Jacqueline la quería como una hermana y haría lo que fuera por ayudarla.

Ariana insistía en enfrentar a su esposo cara a cara para convencerse que su engaño era real y no una pesadilla. Quería una excusa, una explicación que pudiera aliviar el dolor de esa gran decepción.

Jacqueline vio la hora en el reloj empotrado en la consola de la furgoneta y, los nervios se desataron causándole palpitaciones violentas pensando en sus hijos solos en casa.

Como suele pasar en momentos poco fortuitos, su viaje a Queens tardó más de lo esperado a causa de la construcción nocturna en las carreteras. Finalmente llegaron al vecindario de Ariana y, Randy bajó la velocidad entrando frente a la casa. Al momento de entrar en la cochera Jacqueline saltó del susto ante la desagradable resonancia de un portazo. Miró a un lado viendo a Ariana que corría como una loca hasta la puerta de entrada del lugar que en un pasado fuera su hogar.

—¡Desgraciado! ¿Estás en mi casa y no te dignas en contestarme una llamada? —gritaba Ariana a todo pulmón.

Jacqueline, se inclinó hacia Randy desde su asiento.

—Randy, por favor, baja y convéncela que nos vayamos. Esto no me huele bien.

—Sí, señora— dijo él y se bajó del vehículo dejando las llaves puestas en la ignición, con el motor en marcha.

Randy avanzó hacia Ariana, viendo como la mujer pateaba la puerta de la entrada como si intentara escapar de un cuarto en llamas.

—¡Ábreme la puerta! ¡Poco hombre!

Randy la agarró por el brazo y la haló hacia un lado.

—Ariana, por favor vámonos de aquí... Hable con su esposo mañana... Los vecinos van a llamar a la policía. No quiera meterse en problemas con la ley.

Ariana le espetó una mirada asesina con ojos chicos de furia.

—¿Tú también? —dijo Ariana, zafándose de su agarre —A mí no me digas lo qué tengo que hacer. ¡Al diablo con la ley! —voceó Ariana.

Randy hizo señas a Jacqueline, en su mirada se leía la impotencia de un hombre resignado. Jacqueline salió al rescate saltando de la furgoneta. Corrió hacia Ariana más molesta que aterrada por la escena. Justo cuando Jacqueline agarró a Ariana por el brazo, todos escucharon una voz que gritaba desde el interior de la casa.

—¡Vete, si no quieres ir presa!

Era Johnny, el primo de Ariana —¡Ya llamé a la policía!– dijo Johnny ojeándolos a través del cristal contiguo a la misma puerta de entrada. Ariana se lanzó contra el cristal.

—Que me abras, ¡hijo de puta! —gritaba Ariana.

Jacqueline la agarró por el brazo.

—¡Ya basta, Ariana! —Dijo Jacqueline —¡Nos vamos ahora mismo, o me voy sin ti!

—¡Suéltame! — dijo Ariana zafándose de su agarre y la empujó con tal fuerza que Jacqueline voló a un par de pies antes de caer de espaldas sobre la grama cubierta de fango. Randy se apresuró a socorrerla y Jacqueline se levantó medio desorientada cuando al instante, escucharon el estruendo de un fuerte impacto. Jacqueline abrió los ojos como platos mirando a ambos lados.

—¿Qué es eso? —preguntó Jacqueline alarmada.

Randy miró a sus espaldas quedando con la boca abierta en shock al ver a Ariana tras el volante de la furgoneta que había estrellado contra la puerta de la entrada de la casa.

—¡Ya no me tienes que abrir, bastardo! —gritó Ariana sacando la cabeza por la ventana del lado conductor.

—¡No, no puede ser! —exclamó Randy llevándose las manos a la cabeza.

Jacqueline miraba la escena atónita, y con la mente en blanco horrorizada. Al momento se escuchaban las sirenas de patrullas de la policía, y los vecinos salían de sus hogares observando el escándalo. Algunos ojeaban el espectáculo desde la ventana de sus casas.

Dos policías avanzaron hacia la furgoneta. Ariana se apeó del vehículo y se lanzó hacia la entrada. Los policías la detuvieron a la fuerza y Carlos salió de la casa y soltó la puerta que apenas quedaba enganchada en el picaporte por el terrible impacto.

—¡Maldita loca! —Gritó Carlos —¿A quién se le ocurre traer a esta loca borracha a mi casa a las tres de la mañana? —preguntaba Carlos, airado, descargando su coraje a puñetazos, sobre el bonete del auto, que quedó como un acordeón de lata.

Jacqueline miraba a Ariana que saltaba neurótica forcejeando con los guardias. Dos chicos salieron de la ambulancia que había llegado minutos antes junto a las patrullas, y la envolvieron en un chaleco de fuerza. La acostaron en la camilla para llevársela en contra de su voluntad.

—¡Ya no me tienes que abrir! ¡Poco hombre! —gritó Ariana desde la camilla.

Carlos miraba a todos lados viendo a los vecinos horrorizados. Randy lo empujó.

—Deje de golpear mi coche.

—¿Tú eres el idiota que ha traído a esa loca borracha a mi casa? —dijo Carlos zumbando un puñetazo en el bonete.

—Oye tú, no toques mi coche— dijo Randy.

—¡Vete al infierno! —voceó Carlos. En eso se tapó los ojos con la mano intentando evadir la luz que disparaban los focos del coche policía.

—¡Manos arriba! —dijo un policía por el altavoz.

Carlos empujó a Randy sacándolo de su paso y alzó las manos en alto. Entonces, Randy lo empujó más fuerte y Carlos cayó de pecho al suelo. En cuestión de segundos los hombres se enredaron a pelear como chiquillos rebeldes en el patio de recreo. Tres oficiales los separaron rompiendo la pelea y se los llevaron a ambos arrestados y en patrullas diferentes.

Jacqueline seguía incrédula. "Esto no puede estar pasando", se decía a sí misma, cuando escuchó unos pasos a su espalda y volteó. Una mujer policía se acercó a ella.

—Con permiso señora, venga conmigo—dijo la guardia de formas toscas. Su mirada afable no pegaba con su pinta tosca.

—Mis hijos... —susurró Jacqueline.

—¿Están ahí? —le preguntó la oficial señalando la casa. Jacqueline lo negó y la oficial sacó un cuadernillo del bolsillo de su camisa.

—Necesito que me explique cómo pasaron los hechos —dijo la oficial.

Jacqueline no objetó y la acompañó hasta la patrulla. Ya todos se habían ido y esa patrulla era la única que quedaba frente a la casa. Jacqueline le hizo el recuento de los hechos, tomó el bolígrafo y firmó. Entonces vio una grúa que entraba dando marcha atrás, enganchando la furgoneta de Randy y llevándosela a cuestas.

—Oficial, tengo que llegar a Manhattan. ¿Sería posible?

—¿Qué tren le conviene?, puedo dejarla en la estación —dijo la oficial.

A Jacqueline no le había pasado por la mente llamar un taxi. No tenía mente para pensar y se montó en el coche policía agradecida. En poco tiempo la patrulla la dejaba en la estación del tren. Jacqueline bajó del vehículo encaminada como un zombi hasta la ventanilla y pagó su boleto. No tuvo que esperar demasiado cuando al fin vio al tren que llegaba abarrotado de gente trabajadora.

Antes de llegar a su casa, Jacqueline entró a la panadería y compró una bolsa de panecillos frescos con queso crema. "Les diré que salí a comprarles desayuno", pensó. Intentaba transformar la pesadilla de esa noche en una mañana normal y aunque no era del todo mala idea, se le olvidaba que tenía el maquillaje en churretes y aún vestía la ropa elegante de la noche anterior. Su abrigo de visón estaba embarrado de fango.

Jacqueline llegó a su edificio y el valet que la vio con tal pinta desmejorada le abrió la puerta observándola con ojos grandes.

—Buenos días, señora, ¿todo bien? —preguntó el chico.

Jacqueline le sonrió, fingía una calma que no sentía.

—Buenos días, sí, todo bien —contestó ella y siguió de largo. Entró al ascensor sin alzar la vista del suelo hasta que llegó a su piso y una vez ahí salió acelerada, casi corriendo. Andaba sintiendo sus pisadas cojas sin saber por qué. Entonces se miró el zapato y notó que se le había roto un tacón. Quizás cuando Ariana la empujó y ella cayó de nalgas sobre el fango, pensó.

—Qué locura... —se dijo a sí misma en voz baja entrando al apartamento y al instante paró el paso en seco. Su semblante se tornó tenso de ver a su esposo que la esperaba en el comedor. También estaba con él un policía y los niños, que estaban vestidos con sus uniformes, bien prensados, y su cabello peinado. Ya terminaban de desayunar.

—Parece que no la pasaste del todo mal anoche. —dijo Phil sarcástico.

—Phil, te puedo explicar...

—A mí no me expliques nada —respondió él.

El oficial caminó hacia ella.

—Buenos días señora Kingsley. Su esposo llamó a emergencias a las cuatro de la mañana.

—Perdón, Phil...

—Te llamamos más de quince veces al celular, —dijo Phil.—¿dónde diablos estabas?

—No tenía batería. —respondió Jacqueline, acorralada por un profundo sentimiento de culpa. —Oficial, le puedo explicar —dijo ella con la voz temblorosa.

Su hijo pequeño Mark, se levantó de la mesa y la abrazó.

—Mamá, fui a tu habitación y no te vi. Pensamos que te había pasado algo malo. —dijo el niño.

—Ella se agachó a su altura y lo abrazó.

—Cariño, mamá está bien. Tuve una situación con Ariana —dijo ella y le besó en la frente. Entonces colocó la bolsa de panecillos sobre la mesa. Phil avanzó hacia Mark, y lo haló consigo.

—Vamos chicos, se hace tarde —dijo Phil.

Jacqueline no esperaba empatía de parte de su esposo o del oficial que intentaba mantener una postura neutral.

—Oficial, mi amiga… bueno, hace un rato…

—Tranquila— repuso el oficial —siéntese para tomar datos —le pidió.

Mientras tanto Phil Junior, el hijo mayor de doce años, la saludó desganado siguiéndole el paso a su padre.

—Hasta luego, mamá —le dijo Mark desde la puerta.

—Espero que esta vez tengas una buena excusa para tapar lo mala madre que eres. —le espetó Phil. Ella jamás había escuchado a su esposo insultarla así frente a los niños. Jacqueline no aguantó el coraje.

—Y tú, ¿no estabas en Washington? ¿Me tengo que desaparecer para que tus hijos vean cómo nos mientes? —dijo ella indignada.

—¡Estás loca! —dijo Phil desde la entrada y salió del apartamento dando un portazo.

—Oficial, disculpe, no tardaré diez minutos.

—Sí señora, la espero—dijo el oficial.

Jacqueline se dio un duchazo y en eso llegó Donna. La empleada saludó al oficial sin hacer preguntas, y se limitó a cumplir con los quehaceres de la casa. Le ofreció café, pero el guardia prefirió un vaso de agua. Jacqueline llegó de vuelta a la sala, vestida en ropa deportiva de algodón, su cara limpia y melena bien peinada en un rodete.

—Buenos días...—dijo Jacqueline. Se sentó junto al guardia lo suficientemente espabilada para dar el recuento de hechos. La ducha de agua tibia logró espantarle el sueño. El policía tomó nota y al rato Jacqueline lo despidió. Sin cruzar palabras con Donna, se metió a su cuarto y se echó a dormir.

Esa noche Phil no llegó a casa, aunque ella tampoco lo esperaba. Lo había llamado seis veces en el transcurso del día, pero él no contestó.

Ese viernes por la tarde, Donna se encargó de los chiquillos y los llevó de compras a buscar materiales para algún proyecto escolar. También cuidó de ellos el sábado y domingo, ya que Jacqueline se lo había pedido. Jacqueline no descansó del televisor, a solas y con tan solo la compañía de un terrmo de té de jengibre que tanto disfrutaba para combatir el frío.

Jacqueline presentía que Phil usaría el episodio de su salida con Ariana en su contra. Un incidente como el de esa noche era imperdonable ante Phil, a quien le importaba poco preguntar por detalles para despojarla de culpas.

Cuanto más Jacqueline buscaba la validación de su marido, él más la rechazaba y ella sospechaba que recuperar la armonía en su matrimonio era una meta cada vez más distante.

Phil reconocía su influencia sobre ella y eso le daba ventaja para seguir haciendo lo que le diera la gana sabiendo que ella siempre lo perdonaría y su mala actitud se había convertido en costumbre. Para muchos, Phil era la clara estampa de un hombre narcisista y su arrogancia rayaba en lo absurdo, desagradando a personas menos soportables que él.

Desde que sonaron las campanas de sus cincuenta años, Phil vivía obsesionado por transformar su apariencia visitando el gimnasio con frecuencia. No le faltaban sus horas bajo las dañinas camas de sol que le daban a su piel un color naranja del típico bronceado forzado.

Ya habían pasado varios días desde el altercado y ese martes, Jacqueline se animó a salir de su cuarto para ir a la sala de casa. Se acostó en el sofá para ojear sin mucho entusiasmo algún programa de televisión. Ese día no había probado bocado y se veía más delgada que otros días, y demacrada.

Donna la notaba decaída, pero no se atrevía a mencionarlo.

El ventanal que bordeaba la sala del lujoso apartamento reflejaba los últimos rayos de luz del día, anunciando la llegada de la noche. El hogar estaba tranquilo con la ausencia de Phil, que comenzaba a ser costumbre y los hijos de Jacqueline que eran niños tranquilos, permanecían en sus respectivas habitaciones envueltos en algún juego cibernético poco apropiado para su edad. Mientras estuvieran en casa sin hacer escándalos, según ella, todo andaba bajo control.

Jacqueline se tapó con las cobijas que minutos antes arrastró desde su cuarto hasta el sofá y Donna le llevó un montadito de salmón que sirvió en un plato pequeño. Lo colocó sobre la mesita contigua al sofá.

—¿Quiere que le haga una sopa antes de irme, señora? —dijo Donna.

Jacqueline sonrió.

—No, Donna, gracias. ¿Planchaste los uniformes de los chicos?

—Sí, señora. Todo está listo.

—Puedes irte, entonces. Hasta mañana —la despidió Jacqueline.

La sala quedó a oscuras, tan solo iluminada por la luz de la pantalla que Jacqueline miraba desganada y al rato vio la luz de su celular anunciando un mensaje de texto. Esperanzada en saber de su marido agarró el aparato.

"Saludos, espero te encuentres bien. Fue un placer conocerte, Will".

Era el médico de chaqueta azul marino que conoció en el hotel la noche que salió con Ariana. Ella sonrió. "Qué agradable", se dijo a sí. Pensó un minuto antes de contestar y entonces le escribió.

"Hola, qué gusto saber de usted nuevamente. ¿Cuándo viene a la ciudad? Quizás pudiéramos almorzar", le escribió ella.

William no le contestó inmediatamente y ella colocó el móvil en la mesita. Al rato vio la luz destellar nuevamente.

"La otra noche hablaste de cenar ¿y ahora almuerzo? ¿Qué tal van las cosas en casa?", escribió él.

Jacqueline no estaba en las de darle color a sus problemas con un extraño, aunque tampoco los negaría.

"¿En casa? Van mal. Gracias por preguntar", dijo ella y Will le respondió.

"¿Quieres hablar del tema? Puedes hablar conmigo", expresó él. "Mañana voy a Manhattan para una reunión de compras de equipos médicos, ¿podríamos vernos después de mi reunión si gustas?".

"Suena bien", respondió ella. "Mándame un mensaje cuando termines y así acordamos la hora y el lugar".

"Eso haré, buenas noches". Le escribió él.

Poco después Jacqueline contestó la llamada de Ariana.

—¿Hola? ¿Ari?

—¡Hola! ¡No sabes lo que estoy pasando! —dijo Ariana en su tono usualmente histérico.

—Me lo puedo imaginar —dijo Jacqueline.

—Tengo que ir a corte pasado mañana, mi amigo, que es abogado, me está representando. Imagínate, no tengo ni para pagar un abogado y como si fuera poco ¡me han quitado el contrato!

—¿Qué contrato? —dijo Jacqueline.

—El contrato que tenía pendiente para vender espacios de oficinas en Nueva Jersey. ¡Qué terrible!

—Ya inventaremos qué hacer, tranquila. ¿Qué pasó con el banquero amigo tuyo, lo llamaste? —preguntó Jacqueline.

—No pude llamarle tan siquiera para decirle que no asistiría a la reunión... Hoy le llamé para excusarme, pero no me ha contestado. ¿En qué quedó Randy? Me imagino que me odia.

—Llamé a Randy dos veces —comentó Jacqueline. —Pero su esposa dijo que me llamará antes del viernes.

— ¡Pues te contaré que a mí me internaron en Bay View! Me tuvieron encerrada en ese loquero por tres días bajo observación psiquiátrica ¿Puedes creerlo? —dijo Ariana.

—Perfectamente Ari. –contestó Jacqueline entre risas–Después de pasarle con un coche por encima a la entrada de tu casa, creo que encerrarte bajo observación psiquiátrica es bastante razonable.

—¡Estaba borracha!

—¿Qué te han dicho los médicos? —le preguntó Jacqueline. Sonaba preocupada.

—Me querían meter en contra de mi voluntad para someterme a una evaluación psiquiátrica involuntaria.

—Qué locura ¿cómo saliste del hospital?

—Mi amigo, el abogado, les explicó que mi problema no fue una locura sino una borrachera.

—Quizás un poco de las dos variantes. Ya sabemos que estas teniendo problemas con el alcohol, Ari...

—Por favor, Jacqueline, deja el sermón... Yo no tengo problemas de alcohol... ¡He tenido situaciones, pero problemas, ninguno!

—Como tú digas —respondió Jacqueline, resignada —¿Y qué tal la evaluación del médico?

—Bien, me ha recetado ochenta miligramos de Prozac.

—¿No es demasiado?

—Eso pensaba yo. Todavía no siento el efecto. Según me dijo el doctor tarda un par de semanas, en lo que el medicamento nutre un poco a estas neuronas.

—¿Y Carlos?

— No sé —dijo Ariana— No hemos hablado... Le dijo a mi abogado que yo me las tenía que arreglar y encontrar dónde quedarme, porque él no se iría de la casa. ¡Pronto no tendré dónde dormir, Jacky!

—¡Pero, recién te mudaste a un apartamento amueblado!, ¿no? — dijo Jacqueline acomodando los cojines en el espaldar del sofá.

—Sí, pero lo alquilé a corto plazo. En par de días se supone que pague la semana entrante o me tengo que ir. No sé qué voy a hacer.

—Sabes que te adoro, pero cuando te enfadas y mezclas tu carácter con el alcohol, te confieso que hasta yo quiero salir corriendo.

—Estás exagerando Jacky. Soy un poquito más expresiva cuando me paso de copas, pero no estoy loca.

—Te vuelves loca Ari. Tienes que ver qué vas a hacer, tienes un problema con eso.

—Yo solo tengo situaciones, todo el mundo tiene situaciones — repuso Ariana a la defensiva.

Ariana le contó que tenía vista en corte nuevamente el viernes a las once de la mañana. Carlos también había puesto una orden de alejamiento contra ella. Ariana no podría pasar a su casa ni para buscar su ropa interior.

Jacqueline intentaba animarla, dándole consejos y quedaron en verse el próximo día. Juntas buscarían una solución. Hablaron de Phil y Ariana le descargó su más sincera opinión: le confesó que su matrimonio estaba muerto y cuestionaba su autoestima porque Jacqueline seguía aferrada a la idea de hablar con algún terapista de familia para salvar lo insalvable.

Jacqueline no quiso hablar más sobre el tema y le deseó buenas noches. Ariana quedó en llamarla tan pronto llegara a Manhattan el próximo día.

Desde la sala se escuchó un portazo proveniente de la entrada y Jacqueline miró a sus espaldas. Phil entraba con su maletín de piel marrón. Vestía impecable con una camisa de rayas azules y blancas, con embudos de oro blanco y zafiros muy finos. Jacqueline se los había regalado cinco Navidades atrás. Eran sus favoritos.

—¿Qué, no saludas? —dijo ella

—Buenas noches. —repuso Phil, y siguió a su habitación. Jacqueline le siguió por el pasillo.

—Tenemos que hablar —dijo ella en plan de reconciliación —creo que sería buena idea ir a terapia de parejas o quizás deberíamos escaparnos un fin de semana —dijo ella acariciando su espalda.

Phil esquivó sus caricias echándose a un lado y entró a su armario que era un cuarto tan grande como el baño. Sacó varias camisas y trajes de chaqueta colgados en sus perchas y los tendió sobre la cama. Entonces sacó una maleta del tope del armario y comenzó a llenarla.

—¿Qué significa esto? —preguntó ella.

—Lo que ves —contestó Phil sin mirarla.

—¿Dónde dejaste la maleta que te llevaste la semana pasada?

—¿No ves que estoy sacando cosas? ¿Para qué las voy a traer?

—¿A dónde vas? ¿Te vas de viaje? —insistió Jacqueline. Tras una corta pausa y segundos de silencio, Phil alzó la vista mirándola serio.

—No soporto esto más —confesó Phil, y comenzó a vaciar los cajones de forma apresurada.

Jacqueline se plantó frente a él desafiante.

—¡Tienes todo lo que tienes gracias a mí!

—¡A ti no, a tu padre!– le espetó él.

—Yo he sacrificado mi vida, mis mejores años, y ahora, porque tienes a una niñita de amante, ¿no me soportas?

—No se puede hablar contigo... de qué niñita hablas?

—¡Lo sé todo! He visto tus mensajes a la tal Reyna... por eso nunca estás aquí. ¿Cómo quieres que hablemos? —dijo ella entre sollozos.

—No tenemos de qué hablar. Reyna es una empleada más... ¡Tú y yo ya no tenemos nada en común! Cuando salimos no tienes tema de conversación. Sólo sabes gastar mi dinero en alguna cartera ridículamente cara. Eres aburrida y ya estoy harto.

—¿Qué se supone que haga? Es la única manera de lidiar con tu desprecio...

—Ya no nos entendemos y quiero un cambio en mi vida —dijo él cerrando la maleta.

—¿Por qué no vamos a terapia?

—Lo nuestro no tiene solución.— dijo él en voz baja.

—¿Prefieres a tus amantes? Ellas sí te entretienen, ¿verdad? —dijo Jacqueline desconsolada.

Los gritos despertaron a los chicos. Mark, el más pequeño, entró a la habitación.

—Papá, ¿qué pasa? —preguntó el niño con cara pálida y labios temblorosos.

—Nada, Mark, mañana te buscaré a ti y a tu hermano al colegio, necesito que hablemos.

—¿Te vas de viaje, papá? —preguntó el niño.

—No, mañana hablaremos de esto. Vete a dormir.

El niño caminó hacia su padre y lo abrazó. Le pasó por el lado a su madre y la besó en la mejilla y caminó hacia la puerta.

—¡Buenas noches, mamá! —dijo Mark.

—Buenas noches, cariño... —contestó Jacqueline secándose las lágrimas.

No era la primera vez que los niños veían ese tipo de intercambios entre sus padres y sentían la debilidad de Jacqueline, quien sólo tenía mente para intentar convencer a Phil de que no abandonara.

—Así que, ¿te vas? —Preguntó Jacqueline avanzando hacia él.—¿A dónde diablos te vas? ¿Con la nueva empleada de la oficina? ¿Una chica que puede ser tu hija? ¿No te da vergüenza? —gritaba ella cortándole el paso.

—Estás inventando estupideces. Mírate, ¡siempre histérica!

—¿Qué quieres que haga? Tengo un esposo que no me mira. ¡Está más ocupado en su oficina o en el gimnasio!.. O metido en bares con una niña que podría ser su hija ¡y yo sola todo el día!

—Haz algo productivo que no sea quedarte todo el día paseando en pijamas por la casa o gastar mi dinero. —dijo él.

—No es tu dinero, ¡es nuestro dinero!

—Ya mi abogado se comunicará contigo —dijo Phil con maleta en mano.

—¿Nos vas a abandonar?

—A mis hijos, no... Te estoy dejando a ti. Esto se acabó hace tiempo, Jacqueline. Tú lo sabes y yo también.

En ese instante entró su hijo mayor. Era considerablemente más alto que su padre.

—Papá, ¿a dónde vas?

—Mañana te buscaré al colegio. Ya le dije a tu hermano, yo hablaré con ustedes mañana, vete a dormir.

—Pero, ¿te vas de casa? —inquirió el chico.

—Hablaremos de esto mañana. Ve a dormir ahora, hijo.

La frustración de Jacqueline se apoderaba de su razón. Su impotencia se transformó en ira de tal forma que la impulsó a correr al baño, y agarró unas tijeras. Sin pensarlo dos veces avanzó como demente hacia el armario de su esposo.

—Permíteme ayudarte, ¡canalla! —gritó Jacqueline sintiendo un odio cortante. Al instante se lanzó sobre el ropaje colgado en el armario de su marido y comenzó a sacar las camisas de las perchas halándolos bruscamente a la vez que lanzaba tijeretazos destrozando las finas vestimentas. Cortaba los trajes de chaqueta con un coraje salvaje, hasta que llegó a las finísimas corbatas que Phil mantenía siempre en orden de colores enganchadas tras la puerta. Las zafó de los ganchos y las tiró al suelo después de cortarlas una por una. Ciega de rabia, Jacqueline se tiró al suelo y se lanzó a apuñalar los zapatos más finos de Phil. Poco le importaba a ella que la mayoría del calzado fuera exageradamente costoso, de diseñadores italianos y otros ingleses. Jacqueline descargaba su ira con cada puñalada cuando de repente, sintió a Phil que la agarraba por la cintura arrastrándola fuera del armario y tras el último jalón la zumbó con tal fuerza que Jacqueline cayó de espaldas sobre la cama.

—¿Qué diablos haces? ¿Te has vuelto loca? —le gritó Phil.

Sus hijos la observaban con el horror impregnado en sus miradas. Mark, lloraba aterrado tapándose la cara con manos temblorosas.

—Mamá, ¿cuándo vas a dejar de pelear con papá? Si no pelearas tanto, papá no se enfadaría contigo y no se iría de casa—dijo el niño.

Al oírlo, Jacqueline volvió en sí en un instante, reconociendo que su empeño por salvar su matrimonio la había impulsado a abandonar el cuidado de sus hijos y lastimando sus sentimientos. Alzó la vista bañada de lágrimas.

—Perdón, hijo... Ven... —dijo ella.

Los dos niños se sentaron a su lado y ella los abrazó.

—Todo estará bien... —repetía Jacqueline entre sollozos.

Al rato, cuando la escena se tranquilizó, Phil agarró su maleta nuevamente y se echó a andar. Ella lo miró, viéndolo salir de la habitación.

—¿A dónde te vas? —preguntó Jacqueline.

—A cualquier lugar del mundo, lejos de ti —le espetó él.

Los chicos guardaron silencio y ella también. Al momento, todos escucharon el portazo que anunciaba la salida del hogar... Phil se había ido.

Capítulo 3

La noche de las peleas pasó más rápido que otras y el sol alumbraba cada esquina de la gran ciudad. A su vez, los camiones de basura transitaban lentos por las calles, paseando a los trabajadores que permanecían guindados como monos en la parte posterior y, sin perder el balance, agarraban las bolsas de basura que los dueños de los locales dejaron la noche antes al borde de la acera.

Jacqueline aún dormía con las cobijas hasta las orejas cuando un cálido destello se coló por la holgura de las cortinas acariciando sus párpados con el calor, logrando despertarla. Jacqueline estiró los brazos y volteó viendo la hora y se espabiló del susto. Era más tarde de lo que esperaba y cayó en cuenta que la noche anterior había olvidado programar la alarma. Saltó de la cama y tras tirarse la bata encima, corrió por el pasillo hasta la cocina. Por suerte, los niños ya estaban en pie y andaban en pijamas rebuscando en la despensa algo de comer. Mark ya se apoderaba de la caja de cereal pesadamente azucarada y Jacqueline se la quitó.

—¿Qué les parece si hago "pancakes" y desayuno con ustedes? —dijo Jacqueline mientras guardaba la caja de cereal en la despensa. Sacó los ingredientes para preparar la mezcla.

—¡Sííí! —respondió Mark.

Phil Jr. se inclinó besando a su madre en la mejilla.

—¿Todavía te acuerdas de cómo encender la estufa, mamá? —le preguntó el chico.

—¡Sí, claro que me acuerdo! Deja tu sarcasmo. Es lo más feo que sacaste de tu padre. Vayan a vestirse —les ordenó.

—Pero tú no desayunas nunca, mamá —dijo Mark arrastrando los pasos andando a su habitación.

—¡Pues hoy desayunaré con ustedes! Ve a vestirte rápido, que estamos tarde.

—¿Cuándo vuelve Randy? Quiero que él nos lleve al colegio —dijo Phil Jr. desde su habitación.

—No estoy segura —voceaba Jacqueline, al tiempo que batía la mezcla en un cacharro de plástico. –¿No te agrada el chofer que papá les mandó ayer?

—Es muy serio —se quejó Mark.

Jacqueline les sirvió el desayuno y los niños llegaron uniformados al comedor. Ella les sirvió y luego se sirvió el trozo más pequeño que cortó en pedazos diminutos como migajas. Esa mañana Jacqueline se había despertado con un nudo en el estómago que atribuyó a la escena que montó Phil la noche anterior. Se sentía avergonzada. Tras minutos de silencio su hijo Mark interrumpió su pensamiento.

—Mamá, ¿cuándo vuelve Randy a trabajar con nosotros?

—No lo sé. No he hablado con Randy. Espero que sea pronto —aclaró ella.

—El accidente de Randy fue por culpa de tu amiga, ¿verdad? —Inquirió Phil Jr. con aire de sospecha.

—¿Quién te ha dicho eso? —le preguntó ella.

—Papá —contestó el chico. —Él me dijo que te fuiste de fiestas con Ariana y que ella se emborrachó y condujo el coche de Randy, sin permiso, y lo estrelló contra una pared.

Jacqueline lo negó.

—¡Es verdad, mamá, Randy se lo dijo a papá! —exclamó Mark, espabilado.

Jacqueline no dio más peso al tema y cambió la conversación. Les preguntó sobre el colegio, las clases y exámenes pendientes. La tomó por sorpresa saber que Phil Jr. ya no estaba entre los mejores estudiantes de la lista de honor. Le preguntó qué había pasado, pero el chico no quiso abundar en el tema.

Por otra parte, el pequeño Mark, seguía encaprichado en tomar clases de equitación, y eso a ella la aterraba. Jacqueline había perdido a su hermano menor precisamente durante una competencia de salto, cuando el niño apenas tenía once años. Jacqueline tenía dieciséis entonces. Había pasado décadas desde que eso pasó, pero la familia de Jacqueline quedó traumatizada. Su padre sumergió su vida en el trabajo y vendió su hermosa casa de campo con establos en el área de Vermont. También vendió los cinco caballos que tenían.

El pequeño Mark era parlanchín e insistente y Jacqueline solo aprobaría su petición bajo una condición: tendría que acabar el año con las mejores notas. Dado a que el chico era un poco juguetón y despistado en los estudios, el reto sería favorable para ella. Sin embargo, el chico aceptó el desafío.

Jacqueline se levantó escuchando la puerta de la entrada y todas las miradas se dispararon a esa dirección.

—¡Buenos días! —dijo Donna, que entraba preparada a trabajar llena de energía. Se desabrochaba su abrigo negro de algodón que colgó en el perchero contiguo a la entrada.

—¡Buenos días, Donna! —Respondió Jacqueline —¿Me echas una mano con los chicos? Phil se fue enojado anoche y no me ha dicho quién los vendrá a buscar hoy.

—¿Y Randy? —preguntó Donna, tomando la bandeja de trastes sucios.

—Todavía no se ha integrado a trabajar. Los chicos ya están tarde. ¿Los llevas al portal? Voy a llamar a Phil— dijo Jacqueline sacudiéndose el cabello. Fue hasta la mesa contigua al sofá y marcó el número de Phil desde el teléfono inalámbrico, pero Phil no contestó y a ella tampoco le extrañó que no lo hiciera.

—Si Phil no llega, llévalos tú en taxi– dijo Jacqueline.

—Sí, señora, vuelvo enseguida —dijo Donna.

Jacqueline besó a los niños y se quedó frente a la entrada viéndolos entrar al ascensor.

Tan pronto Donna y los críos salieron del ascensor se toparon con Phil. Donna lo saludó y él le dijo que llevaría a los chicos al colegio. Ella les deseó buenos días y subió al apartamento buscando a Jacqueline. La vio metida en el armario de su habitación. Había tirado los ropajes destrozados al suelo frente a la cama y ahora sacaba los zapatos que la noche anterior destrozó a tijeretazos. Donna paseaba la vista por el suelo viendo atónita el desastre.

—¿Qué es esto? —preguntó Donna.

Jacqueline yacía a sus anchas en el suelo, amontonando lo que restaba del desastre, y alzó la vista.

—No preguntes, Donna. Lo que veas en el suelo lo vas a meter en bolsas de basura y las puedes dejar en la esquina del pasillo, fuera de la habitación. Ya Phil sabrá qué hacer con sus trapos —dijo Jacqueline sonando más desinteresada que despechada.

Donna asintió y en breve llegó a la habitación con tres bolsas enormes que comenzó a llenar de los finos ropajes que ahora no eran más que un montón de trapos aglomerados.

Jacqueline no estaba del todo desesperanzada con Phil, aunque también reconocía que en el transcurso de sus veinticuatro años de matrimonio, jamás hubo encarado episodio semejante al de la noche anterior. La infidelidad y actitud de su esposo durante ese último año le levantaba sospechas y se olía que esta vez las escapadas de Phil eran mucho más serias que un simple lío de faldas. Sin embargo, Jacqueline lo toleraba por no verse divorciada. Renegaba a la posibilidad de vivir una vejez en soledad y prefería atribuir la actitud de Phil a una simple crisis de edad. Esperaba que tanto sus aventuras como las riñas en casa fueran pasajeras.

Ese día, Jacqueline se despejó la mente limpiando las habitaciones de los chicos junto a Donna y, entre ambas, organizaron los armarios y sacaron las prendas de ropa que ya no les servía. Los niños crecían demasiado rápido, y Jacqueline no escatimaba en sacar los ropajes, metiendo cada pieza limpia y bien doblada en las bolsas de basura que le daría a Donna, quien por su parte se las llevaría a los chicos de su vecindario. Sabía que muchos de ellos la necesitaban y la apreciarían.

Donna pasó la aspiradora y Jacqueline corrió las cortinas, y abrió las ventanas aireando el espacio. En eso recibió un mensaje de texto y al leerlo, sonrió. Era William, quien le dejaba saber que ya estaba en el vecindario y la invitaba a una copa o un café. Ella pensó que esa escapada amistosa le vendría bien y quedaron verse a las cinco de la tarde, en el mismo lugar donde se conocieron la semana anterior. Ella accedió convencida que un rato de aire fresco, le haría bien.

Jacqueline se recostó y poco después su hijo mayor, Phil Jr., la llamó para decirle que estaban con su padre, que recién los buscó a él y a Mark en las clases de tutorías y estaban de camino a un restaurante.

Antes de colgar, ella les advirtió que debían llegar antes de las ocho, ya que el próximo día tenían clase y no le gustaba que alteraran su horario en días de semana. Al concluir la llamada, Jacqueline vio la hora y recordó su cita con William y se vistió con ropa casual y su cabello en una cola de caballo. Llevaba un jersey enorme con mucho estilo y un collar de perlas doradas y otras, color plata. Los "jeans" ajustados apenas se veían, cubiertos por el jersey y las botas altas de piel marrón que calzaba. Su estilo y estilizada silueta le daban aspecto de jovencita a simple vista.

Se colocó enormes gafas de sol, negras y cuadradas, que le tapaban el rostro y ella lo prefería así, pues apenas usaba maquillaje. Iba saliendo del apartamento, cuando de repente recibió la llamada de Ariana. Olvidó por completo que había quedado en verla la noche anterior. Sin embargo, prefirió no contestarle pensando que la llamaría una vez se encontrara con William. Tras una corta caminata, Jacqueline llegó al Hotel Saint Regis y avanzó al bar. No llegó a entrar y paró sacudida por la sorpresa. William estaba conversando con Ariana, ambos sentados frente a la barra. Jacqueline avanzó sonriente hacia ellos.

—Vaya, vaya, ¿así que se conocían? —dijo Jacqueline.

Ariana no paraba de sorprenderla.

—¡Hola, querida! —Respondió Ariana —Te llamé hace un rato, pero como no te conseguí, vine a matar tiempo un ratito antes de buscarte en casa.

—Discúlpame Ariana, te iba a llamar ahora mismo y qué coincidencia que te encuentro aquí — dijo Jacqueline de buen humor.

—Me lo imaginé —repuso Ariana despreocupada.

William se levantó del taburete, y cedió el asiento a Jacqueline.

—Ven, siéntate aquí —invitó él. Coincidencias de la vida —concluyó el hombre relajado.

—No sabía que se conocían —insistió Jacqueline y enganchó el bolso en un pico de metal bajo la barra, puesto ahí con ese propósito. William sonrió.

—No la conocía. Nos conocimos ahora, mientras esperaba por ti.

— Me alegra coincidir de esta manera. Así mato dos pájaros de un tiro —añadió Jacqueline.

Las amigas conversaron un rato con William y él les habló de sus negocios y tocaron brevemente el tema de su separación. Él les dijo que esa noche estaría cumpliendo siete meses desde que se separó de su esposa y le costaba contemplar un divorcio pues, cada día se convencía más que sería la única solución para él si quería recobrar su paz mental.

William era un hombre amable y las amigas disfrutaban su compañía, siendo él un hombre detallista de carácter pasivo y hasta el momento generoso.

El trío se mudó del bar a un sofá contra la pared en la esquina del lugar, un poco más acogedor, considerando que el lugar se comenzaba a llenar. Jacqueline pidió una limonada y Ariana, que iba por el tercer Martini, comenzaba a ponerse pesada.

—Toma agua Ari, no te oyes bien —le susurró Jacqueline. —No estoy para espectáculos y creo que tú tampoco.

—Solo me he tomado tres copas —le contestó Ariana

—No es nada —dijo William. —Toma un poco de agua y se te pasa.

Ariana mencionó que se había tomado un ansiolítico y quizás sería la razón por la cual se le subieron los tragos más rápido que otras veces. Siendo médico, William sabía el peligro entre ansiolíticos y alcohol y les expresó su preocupación al respecto.

—¿Estás tomando ansiolíticos? —le preguntó William. —No puedes mezclarlos con alcohol.

Ariana asintió.

—Eso dicen, pero no he tomado tanto —dijo Ariana.

—No deberías —repuso él. Es muy peligroso mezclar ansiolíticos con alcohol. Puede ser una mezcla letal.

Ariana lo negó, restándole importancia con un gesto de mano.

—No se preocupe, solo me tomé medio miligramo de Klonopin. Eso no toca ni a una mosca —afirmó Ariana.

Sin embargo, a los cinco minutos Ariana se ovillaba en la esquina del sofá, en posición fetal, reposando la cabeza sobre el hombro de Jacqueline. Se estaba quedando dormida.

—Tu amiga es atrevida–dijo William– Le podría dar un paro respiratorio —aconsejó William, en tono sermoneador.

Por ser médico, William conocía de sobra los peligros de la mezcla de fármacos y alcohol. Millones de personas mueren cada año a causa de ese tipo de descuido, y él, más que muchos, tomaba el caso muy en serio. Jacqueline no era dada a tocar apenas una aspirina y no conocía bien el tema.

—Ahora me entero de que está con ansiolíticos —expuso Jacqueline. –Y todavía no te he contado en el problemón en el que nos metimos la noche que te conocí.

—¿Todo bien? ¿Qué pasó?

— Creo que mejor no te lo cuento porque saldrías corriendo —dijo Jacqueline y se inclinó para verle la cara Ariana. Estaba dormida.

—Disculpa, Will. ¡Qué vergüenza!–dijo ella.

—Ja, ja, ja, no te preocupes, pocas cosas me sorprenden hoy día — repuso William y Jacqueline sonrió.

Los amigos conversaron un rato y cada vez que William le preguntaba sobre su situación, ella evadía mencionar detalles de su vida. William no tuvo reparos en contarle sobre la suya. Le confesaba que ya no tenía vida íntima con su esposa y que el amor había muerto. La rutina entre el trabajo y las responsabilidades del hogar y los niños habían extinguido su atracción hacía años y ambos se sentían como compañeros de cuarto. También habló de sus cuatro hijos, que se llevaban pocos años entre ellos y que a veces la testosterona en el hogar era tan palpable como los últimos minutos de algún juego entre dos equipos rivales en un campo de fútbol.

Desde que se había separado de su esposa, solo compartía con sus hijos los fines de semana. Jacqueline observaba cómo el hombre hablaba de sus hijos y sus ojos destellaban chispas de ilusión. William estaba orgulloso de ellos y tenía grandes expectativas con cada uno de sus chicos.

Jacqueline admiraba su sinceridad, pero no tanto como para compartir detalles de su vida con él. En ese momento prefería escuchar historias que desenmascararan las tragedias ajenas, así se convencería de que su matrimonio con Phil no era tan malo como ella pensaba. Se convencía que siempre había situaciones peores y quizás viéndolo así, su matrimonio podría mejorar.

—¿No me vas a contar en qué quedó todo, la otra noche? —insistió William interesado.

Jacqueline lo miró forzando una sonrisa.

—Muy mal. Creo que esa noche provocó el principio de muchas cosas, en las que no quiero ni pensar —declaró Jacqueline.

—¿Por qué? —preguntó él.

Jacqueline hizo un gesto con la mano animándolo a cambiar el tema, pero William insistió y se inclinó hacia ella.

—Pero te veías contenta cuando te fuiste de aquí —dijo William.— ¿Cuántos años llevas de casada? — le preguntó.

— Veinticuatro de casados —dijo ella.— Los últimos años han sido menos soportables que los anteriores —le confesó.

—¿Has considerado terapia de pareja?

—Sí, varias veces. Pero él se niega a ir... Y sinceramente no sé qué voy a hacer...No quiero perder mi vida repitiendo las vivencias de los últimos años, y si no vamos a terapia de pareja creo que nos va a ir de mal a fatal.

—Entiendo — dijo él.

William le habló un poco de su nuevo negocio, y le explicó que recién compró una compañía que ofrecía servicio de ambulancias. Tras hablar un rato sobre sus negocios, Jacqueline abrió el tema de la infancia, que ambos compararon a los tiempos de ahora. Coincidieron en que los años de su juventud eran más felices, y que ahora la mayoría de los críos se entretienen como zombis, completamente ausentes a su entorno, y enterrados en el consumismo y eso era triste. Sin duda, la tecnología iba robando con el tiempo la conexión humana que trae la interacción social que brinda el estilo de vida sencillo.

Al rato, Ariana despertó.

—¿Estás bien? —le preguntó Jacqueline

—¡Sí, claro! Ahora sí que necesito un vaso de agua, estoy seca —dijo Ariana buscando al mozo con la vista, y lo llamó alzando la mano.

Jacqueline agarró el celular. Entraba una llamada de Donna.

—¿Hola? —contestó Jacqueline intrigada.

—Señora, tiene que venir a casa lo antes posible —le pidió Donna.

—¿Qué ha pasado, todo bien? —le preguntó Jacqueline escuchándola tensa.

—Por favor, señora, no sé. Randy…

—¿Y los niños?... — interrumpió Jacqueline.

–No están aquí, señora...– dijo Donna con la voz temblorosa.

—Ahora mismo voy —reafirmó Jacqueline y colgó.

—¿Todo bien? —le preguntó William.

Jacqueline asintió y se levantó del sofá echándose la cartera al hombro.

—Tengo que irme a casa —dijo ella. Ariana la miraba despreocupada.

—No te preocupes, cariño. Ya Will y yo nos estábamos conociendo antes de que llegaras. Vete tranquila que yo me quedo a entretenerlo. Me llamas si me necesitas.

Jacqueline sacudió la cabeza.

—Déjame llegar a casa a ver qué pasa. Te llamo luego, Ari. Hasta luego, William. Gracias —dijo Jacqueline y salió del lugar.

Jacqueline andaba pálida con el estómago contraído de nervios. Su corazón latía violento, y andaba por la calle haciéndose mil suposiciones, hasta que llegó a su edificio. Entonces intentó calmarse para convencerse a sí misma de que fuera cual fuera la noticia, sus hijos estarían bien y sanos. Al menos eso era lo que esperaba, lo demás le daba igual.

Capítulo 4

Jacqueline llegó a su edificio, pasando de largo al portero que le abría la puerta y tan pronto entró al vestíbulo vio a un señor enchaquetado que se levantaba del sofá de terciopelo rojo del área de recepción y avanzaba hacia ella.

—Con permiso, ¿es usted Jacqueline Kingsley? —preguntó el hombre.

Jacqueline asintió con la mirada desorientada.

—Queda usted servida— dijo el hombre entregándole un sobre de manila y se echó a andar.

Jacqueline asumió que los documentos serían la demanda de divorcio de parte de Phil, y le extrañó tan poco que no se molestó en ojearlo. Corrió con el sobre de manila en mano y se metió en el elevador.

El escolta del ascensor la veía tan rígida que no se atrevió a saludarla. Llegaron a su piso, y Jacqueline salió corriendo a su apartamento cuya puerta estaba medio abierta. Entró de golpe, llamando a Donna a todas voces, cuando al instante escuchó ruidos provenientes de las habitaciones de los chicos. Asumiendo a Donna allí, Jacqueline avanzó al cuarto de Mark y, antes de entrar, se paró en seco frente a la puerta, con la boca entreabierta del shock.

—Randy, ¿qué haces tú aquí? —preguntó Jacqueline.

—Lo siento, señora, el señor Kingsley me ha prohibido hablar con usted —le explicó Randy mientras sacaba la ropa del niño, con todo y perchas del armario, tirándola en la maleta que colocó abierta sobre la cama.

—Al menos, me pudiste avisar que venías, y para qué, ¿eh? —le reprochó ella.

—El señor Kingsley me dio órdenes de buscar la ropa de sus hijos, señora —respondió Randy, al tiempo que apiñaba la ropa en la maleta. No puedo darle más detalles, me lo ha prohibido.

—¿Para qué? ¡Él no me ha dicho nada de esto! —expuso Jacqueline sacando su móvil de la cartera y llamó a su marido. Tras cuatro intentos fallidos, supo que sería inútil tratar de conseguirlo, tenía la impresión que ignoraba sus llamadas a propósito. Randy cerró la maleta, y tras agarrarla con fuerza salió de la habitación.

—¡No te atrevas a llevarte esa maleta! —le advirtió Jacqueline en tono amenazante.

Randy la ignoró y siguió de largo. El maltrato de su esposo se apoderaba de su poca autoestima. Aunque se sentía impotente, quiso imponer su autoridad y salió del cuarto corriendo detrás de él pero en ese instante Donna se topó con ella, cortándole el paso.

—Señora, por favor, no le diga nada —interrumpió Donna y le dio el sobre de manila que Jacqueline dejó sobre la mesita de la entrada.

Jacqueline contempló el sobre, extrañada y le preguntó a Donna si sabía de qué se trataba todo eso. Donna le dijo que Phil había llamado a la casa, para dejarle saber que mandaba a un policía que escoltaría a Randy, mientras éste sacaba las cosas de los chicos, sabiendo que Jacqueline lo objetaría. Sin embargo, Donna lo convenció de que no mandara un guardia a la casa ya que un policía en el hogar solo serviría para agravar la situación y crear más controversias. Su presencia sólo serviría para crear una mala imagen ante el personal del edificio y los vecinos. Phil cedió milagrosamente, pero mandó a que el policía esperara a Randy en el vestíbulo.

Jacqueline la miró indignada.

—No entiendo nada, Donna. ¿Para qué viene Randy a llevarse las cosas de los niños? —le preguntó con la voz entrecortada. –¡Phil no puede hacer esto! ¡Voy a llamar a mi abogado! —

Donna y Jacqueline coincidieron miradas al escuchar la puerta de la entrada que se cerró de un portazo. Jacqueline se echó a correr saliendo del apartamento al pasillo, y confrontó a Randy frente al elevador.

—¿Por qué te ha mandado Phil? —inquirió Jacqueline.

—No sé, señora, yo sólo sigo las órdenes del señor. Siento mucho todo esto —contestó Randy y se fue.

Donna tomó el sobre de la mano de Jacqueline y sacó los papeles. Entonces Jacqueline se los zafó de las manos.

—¿Qué diablos es esto? —preguntó Jacqueline caminando de vuelta al apartamento.

Donna la miraba con ojos grandes, viendo cómo Jacqueline leía el documento, corroborando cada línea, leyéndola dos veces, al tiempo que su fisionomía se transformaba en la típica expresión que anuncia el pánico.

—¿Cómo es posible? —pronunció Jacqueline en voz alta. Sintió una sacudida de nervios que debilitaba sus rodillas y sintió que se desmayaría si no se agarraba del sillón contiguo a la puerta de entrada y se sentó.

Donna había cerrado ya la puerta del apartamento y entraba a la cocina para apagar la estufa y vaciar el lavaplatos. Al momento que dio un vistazo a sus espaldas vio el estado de Jacqueline, y asustada, tiró la bayeta que aguantaba al fregadero y corrió hacia ella.

—¿Qué pasa, señora? —inquirió Donna.

Jacqueline soltó el documento en la mesita sin contestarle.

—¿Qué ha pasado, señora? —insistió Donna en voz baja. Jacqueline cubrió su rostro con ambas manos intentando controlar la furia que causaba su impotencia. Entonces, alzó la vista con la cara enrojecida de coraje y los ojos cristalizados.

—No puede ser, ¡me quiere volver loca!— gritó Jacqueline.

—¿Quién la quiere volver loca? —preguntó Donna.

—¡Phil, Phil, me quiere volver loca! —gritó Jacqueline, ahogada en su angustia.

Donna se inclinó tomando su mano al ver como Jacqueline exhalaba sin fuerzas.

—Me ha puesto una orden de alejamiento contra él y los niños, Donna.

Donna la abrazó intentando consolarla.

—Señora, tranquila, a lo mejor el señor Kingsley ha hecho esto hoy porque está enojado.

—¡Es un demonio! ¡Un monstruo! —gritó Jacqueline frustrada.

Jacqueline nunca vivió un día sin sus hijos, y la simple idea de no poder verlos sería suficiente para enloquecerla. Ahora era ella quien se convencía de que su matrimonio con Phil sería insalvable y no llegaba a entender cómo habían llegado a tal extremo.

Phil y Jacqueline se conocieron por primera vez en una velada hacía ya más de veintiséis años. Jacqueline y sus amigas celebraban el cumpleaños de una de ellas y para pasar el rato eligieron un restaurante muy ameno en un callejón muy pintoresco que quedaba en la Pequeña Italia, en la parte baja de la ciudad. Esa noche Phil era el único mesero del lugar, pero aun así no perdió detalle, y en el transcurso de la cena todos la pasaron tan bien que hasta el dueño del restaurante se quedó con su esposa acompañándolas un rato entre risas, vinos y les ofrecieron, sin costo adicional, una bandeja de postres típicos italianos.

Concluyeron la fiesta poco antes de las dos de la mañana, y Phil, tras cerrar el local, las acompañó, para asegurarse de que todas se iban seguras, en el taxi de vuelta a sus respectivos hogares.

En esos días, Phil era un joven atractivo y espontáneo. Jacqueline no sintió una chispa de atracción hacia él inicialmente, pero él sí había quedado prendado con ella. Admiraba su belleza y buenos modales. Jacqueline era una joven recatada y menos alborotosa que el resto.

Phil no perdió tiempo y le dio su número de teléfono que escribió en un billete de dólar, con un marcador rojo, con letras de molde, tan grandes que sería imposible pasarlo desapercibido.

Esa noche, el joven le pidió de favor que lo llamara la mañana siguiente para saber que había llegado bien a su casa y Jacqueline le dio su palabra que así sería.

La caballerosidad de Phil la conmovió de tal manera que al próximo día no aguantó compartir la anécdota durante el desayuno con sus padres, y todos se echaron a reír encontrando su acercamiento tan pícaro como sano. Eran tiempos distintos y alguien que hiciera avances de esa forma, casi inadvertidamente, se consideraba sanamente romántico.

Phil era un joven luchador, que trabajaba día y noche para pagar sus préstamos estudiantiles, y desde que comenzaron a salir, su único día de ocio lo dedicaba a Jacqueline. Con el tiempo, Phil logró conquistar tanto a Jacqueline como a sus padres. Y aunque él era de cuna humilde, siempre mostraba modales exquisitos. El joven creció bajo las precariedades que impone la vida en los hogares de madres solteras y luchadoras sin profesión definida. Sin embargo, el amor y atención no faltaron en su casa. Su madre se volcaba en adulación por él y, cualquier pequeño logro, ella lo celebraba como el más excepcional éxito. Tristemente, Phil perdió a esa madre casi enfermizamente amorosa tras una tediosa lucha contra el cáncer de seno cuando él apenas comenzaba el último semestre de su segundo año universitario. Había quedado marcado, pero no por eso perdió el enfoque y completó su carrera en Administración de Empresas, para graduarse con honores. Jacqueline y sus padres asistieron a la graduación y le brindaron el apoyo que tanto necesitaba. Los padres de Jacqueline lo veían como el hijo que perdieron en el accidente de equitación.

En esos tiempos, el padre de Jacqueline era un hombre muy exitoso que se había ganado con su arduo trabajo la admiración de grandes figuras en el mercado de inversiones de Wall Street. El hombre no tardó en pulir a su futuro yerno, y Phil absorbía sus lecciones y consejos como una esponja. El señor también cubrió los gastos básicos de Phil, y le ayudó a conseguir las licencias necesarias para ejercer en el competitivo oficio de inversiones. En poco tiempo, Phil Kingsley era una gran promesa en las complicadas y prominentes industrias de inversiones y bienes inmuebles de la gran ciudad.

¿Quién sabe lo que dirían los padres de Jacqueline si levantaran la cabeza y vieran la clase de mezquino en el que Phil se había convertido? Ahora, la humildad venía a ser un atributo demasiado impecable, como para buscar albergue dentro del corazón de un hombre tan ruin. El Phil

Kingsley de ahora no era ni la sombra de aquel chico sencillo que un día fue.

Jacqueline se consumía en desasosiego, de tan solo pensar en la posibilidad de un divorcio, habiendo considerado su matrimonio el único gran logro de su vida y ahora su conquista se escapaba como agua entre las manos. No lograba comprender o descifrar si habría sido ella, o tal vez Phil, quien había fracasado en esta empresa.

Se echó a llorar y Donna acariciaba su espalda, con cariño, intentando aliviarla. Jacqueline no podía pensar y se recostó en su cama. Donna aprovechó el momento para prepararle un té de tilo que enseguida le llevó en una bandeja. Lo colocó sobre su mesita de noche.

Al escucharla en el cuarto, Jacqueline sacó la cara de la almohada que mojaba con un mar de lágrimas.

—Donna, por favor, necesito que te quedes a dormir esta noche, ¿puedes? —dijo entre sollozos. No puedo estar sola, creo que cometería una locura.

—Sí, señora, llamaré a mi esposo —respondió Donna.

Su dolor trocaba en furia

—¿Por qué me hace esto? ¿Por qué no puede sentarse a hablar como una persona normal? —se lamentaba Jacqueline, hasta que se levantó para sacar las fuerzas del coraje que sentía, agarró la cartera, buscó el celular y llamó a su abogado. Esperó unos segundos en línea, pero su abogado no contestó y colgó sin dejar mensaje.

—¡Maldita suerte! —rezongó entre dientes y miró la hora. Eran pasadas las siete y media de la noche y las oficinas del bufete de abogados estaban cerradas. No sabía si Jeff, su abogado, estaba al tanto de la situación.

—"Por favor, llámame urgente, Jacky" —le escribió en un mensaje de texto. Buscó dos aspirinas que se tomó con la ayuda de un sorbito de té.

A tan solo un par de cuadras del lujoso apartamento, estaba Ariana en el Saint Regis, completamente ajena de la situación. Le extrañaba no saber de Jacqueline, pero las copas y atención del apaciguado William lograban robarle la atención.

—¡Por los amigos y la amistad! —brindaron y chocaron miradas y Ariana le sonrió. Se levantó de la butaca y se sentó junto a William.

—¿Sabes cuándo fue la última vez que tuve una aventura? —le preguntó Ariana esmerada en mostrar su sensualidad, pero fue en vano. Lo miraba medio bizca y hablaba con la lengua trabada, y sin apenas articular bien una palabra.

—No, no tengo idea —contestó William. Por su reacción, Ariana supuso que William no tenía mucha experiencia con las damas.

—Ja, ja, ja...¡Yo tampoco! —le susurró al oído —Y tú, ¿cuándo fue la última vez que tuviste una aventura? —le preguntó.

William sonrió sin contestarle.

—¿Siempre eres tan formal? —preguntó ella.

—Sí, usualmente soy un poco reservado —reconoció William y cambió el tema.

Conversaron de sus experiencias de trabajo y sus respectivas actividades en su tiempo libre. William le comentó que le gustaban los deportes, especialmente el esquí, pero desde que se fracturó una pierna el invierno pasado le cogió más repelillo que respeto. Ahora disfrutaba de visitas al gimnasio, aunque desde que comenzó el desarrollo de su nueva aventura empresarial, tampoco tenía tiempo para ello. Ariana le dijo que a ella el ejercicio la dejaba con insomnio y dolor de espaldas, y prefería relajarse con una copa de vino en compañía de algún colega de trabajo. A veces veía programas de misterio en televisión, pero casi no tenía tiempo últimamente para eso. También hablaron del mercado de bienes inmuebles en Nueva York y a Ariana le sorprendió que William gozara de una rica preparación al respecto, al seguir la conversación animadamente, a pesar de ser absurdamente introvertido. Ariana conversaba haciendo señas con las manos y riendo ocasionalmente mientras él permanecía sentado y rígido como un bloque de piedra.

Ariana se recostó sobre su hombro muy confianzuda y, al verla medio dormida, William llamó a Jacqueline. Al cuarto intento, sin éxito, se dio por vencido y echó su móvil al bolsillo.

—¿Qué hacemos ahora, Ariana? ¿Necesitas que te lleve a tu casa o a casa de tu amiga? —le susurró él al oído.

Ariana había caído en un sueño profundo y William no encontró qué hacer, le mandó un texto a Jacqueline y, poco después, llamó al camarero.

—La cuenta por favor —pidió William y el chico asintió. William sacudía a Ariana por el brazo, pero era imposible despertarla. Entonces el hombre pagó la cuenta y el gerente se le acercó a buscar el recibo y se inclinó hacia William.

—Disculpe señor —dijo el gerente en voz baja. – No quisiera incomodarle, pero no acostumbramos a tener clientes durmiendo. Sabe lo que quiero decir, ¿verdad? —concluyó en tono de disculpa.

—Lo siento mucho —respondió William. –Parece que los tragos le han caído un poco pesados.

—Sí, eso parece —contestó el gerente en son de broma, intentando llevar la complicidad.

—¿Le molestaría si salgo un momento a buscar mi vehículo?, está a dos calles —dijo William.

—Está bien señor, pero si no llega antes de diez minutos me veré obligado a llamar a seguridad. Y no me gustaría —expresó el hombre.

—Entiendo perfectamente —reconoció William y se fue.

El gerente no le quitaba el ojo a la entrada esperando a William y al paso de media hora, el personal se veía inquieto intercambiando miradas de intriga entre ellos. Mientras, Ariana roncaba recostada en el sofá con las piernas cruzadas y la cabeza hacia un lado, reposando sobre su propio hombro. En eso, el gerente tomó el teléfono detrás de la barra, cuando vio a William que entraba acelerado. William le dio las gracias.

William agarró a Ariana por el brazo y la sacudió sutilmente hasta que la mujer despertó.

— ¿Y Jacqueline? —preguntó Ariana desorientada.

—No sé —contestó él. La he llamado un par de veces, pero no contesta y yo me tengo que ir —dijo William mientras la ayudaba a levantarse.

—Está bien, tomaré un taxi —dijo ella.

—Si quieres, te podría llevar, si no te sientes bien —propuso él y salieron del lugar.

Ariana aceptó su propuesta y salieron tranquilos como si fueran pareja, ya que ella iba agarrada de su brazo.

—Disculpa Will, he tenido una semana tan pesada—se excusó Ariana y entró al vehículo. William había aparcado el auto al lado de la acera, frente a las dobles puertas. Lo dejó con el motor encendido y las luces intermitentes. Mientras buscaba a Ariana, el valet de la entrada se encargó de darle un vistazo. Tras cerrar la puerta de pasajero, William agradeció al valet por cuidar el auto y le dio una propina.

—Gracias, señor —dijo el chico.

William iba conduciendo en silencio. Ariana tampoco decía nada. El tráfico fluía lento hasta que llegaron frente al puente que cruza de Manhattan al área de Queens. William puso en juego el sistema de navegación pidiéndole a Ariana su dirección. Como Ariana no le contestaba, William miró a Ariana, que se había quedado dormida otra vez, con la cara aplastada contra el cristal de la ventana.

—¡Ariana! —exclamó ya en voz alta. —¡Ariana!, ¡Ariana! ¡Despierta! —insistió.

William la sacudió un par de veces, pero Ariana no despertaba. Deshacerse de su inesperada acompañante esa noche sería un reto con el cual no había contado. Esperó quince minutos, pero a la mujer sólo se le oía roncar. Entonces, William decidió seguir rumbo a su casa.

—Estas cosas solo me pasan a mí—pensó.

Llegaron a su vecindario, que estaba conformado por cuatro edificios altos de arquitectura contemporánea, haciendo entre éstos un complejo circular con aire moderno. A tan sólo metros de distancia, se apreciaba el río Hudson y, desde el sendero que lo bordeaba, se veían las luces de la ciudad. En la planta baja de los edificios que tenían vista al río, había dos restaurantes, una heladería y una tienda pequeña contigua a una peluquería.

William giró alrededor de uno de los dos edificios que bordeaba el sendero contiguo al río y giró en una curva para bajar por una cuesta que llevaba a un estacionamiento subterráneo. Presionó el botón de su aparato que daba control de acceso al estacionamiento y tras abrirse el portón de hierro condujo el vehículo por la angosta vía hasta llegar a su puesto y se aparcó en reversa. Apagó el motor y salió del coche tirando la puerta. El portazo despertó a Ariana.

—¿Dónde estoy? —preguntó ella mientras William abría la puerta y se inclinaba hacia ella.

—Estamos en el estacionamiento de mi edificio —contestó él, extendiendo la mano. Ariana se la echó a un lado de malas ganas.

—Yo no me voy a bajar en tu casa, ¿estás loco?, ¿dónde estamos?

—Nueva Jersey, pero no te preocupes. No estamos lejos de Manhattan. Mira —dijo nervioso— intenté despertarte para pedirte la dirección de tu casa, pero estabas tan dormida que ni un tren que te pasara por encima te hubiera despertado. Si quieres, puedo llamar a un taxi para que te lleve a Queens —le propuso William.

—¿Por qué me has traído a Nueva Jersey? ¡Eres un descarado! Me has traído contra mi voluntad a Nueva Jersey. Podría denunciarte por secuestro —amenazó ella.—Llévame al hotel, me quedaré con Jacqueline.

William no estaba de humor para lidiar con el mal genio de una mujer a quien apenas conocía. Se encogió de hombros en forma de respuesta, y cerró la puerta de un tirón.

—Esto es increíble —se dijo William a sí mismo.

Se metió en el coche y, tras prender el motor, salió del estacionamiento, chillando gomas.

—¿En serio? —preguntó William.

—¿En serio qué? —preguntó ella resentida.

—¿Me acusarías de secuestro? Eso sería el colmo.

—Si no es secuestro, entonces, ¿qué palabra definiría desplazar a una persona de un lugar a otro en contra de su voluntad?

—¿De qué voluntad hablas? —atronó él indignado. —Hace una hora tenías la misma voluntad de un muerto. Deberías agradecerme que pasé la vergüenza de sacarte del hotel y ni tan siquiera sé tu apellido.

—Ustedes los hombres encuentran excusas para todo. Seguro que querías aprovecharte de que tenía un par de copas encima.

—Yo no soy esa clase de persona. Es evidente que no me conoces.

—Ah, no te conozco, pero tú sí me conoces lo suficiente, como para traerme a empujones a tu casa, ¿verdad? Ustedes los hombres... ¡Y se hacen los tontos!

William la ignoró el resto del viaje. De Nueva Jersey a Manhattan el tráfico fluía mejor y en poco tiempo ya estaban cruzando el puente de vuelta a la ciudad. Un taxi amarillo les cortó el paso y William pisó el freno hasta el fondo, y Ariana rebotó en su propio asiento, sin chocar contra la consola gracias al cinturón de seguridad.

—¡Dios y sus santos! —exclamó ella. —Por si tengo que dar instrucciones específicas, ¡me gustaría llegar viva! —le gritó.

William no le contestó y una vez en el hotel, Ariana le pidió de favor que la dejara frente a la estación del tren, pero William se opuso, convencido de que sería mejor dejarla en el mismo sitio donde la conoció. Viendo su estado de nervios y previas amenazas, cualquier acusación falsa era posible por parte de esa mujer extraña, pensó él.

El hombre escoltó a Ariana nuevamente hasta el lobby del hotel. Ella se veía lúcida y en buen estado y ahora intentaba darle paso al buen humor. Entonces, de repente, agarró a William del brazo. Reconocía que fue cortante con él, mientras él desbordaba una amabilidad inusual, sin apenas conocerla.

—Tengo una idea —propuso ella. —¡Empecemos de nuevo!

William sonrió y al instante la tensión entre ellos se disipó.

—¿Cuál es tu bebida favorita? —preguntó Ariana.

—"Scotch" en las rocas —respondió él. —Pero aquí te dejo. Yo me voy. Otra vez será — dijo William con medio cuerpo fuera del local.

—¡Bien! ¡Te invito a un "Scotch"! Sé que no me he portado del todo bien y he sido un poco grosera —repuso Ariana.

—Sí, pero está bien. No lo guardaré en tu contra —expresó él en son de broma.

Ariana insistía, mientras lo halaba por la chaqueta arrastrándolo con ella hasta la esquina de la barra. Como el lugar se encontraba ahora medio vacío, sobraban banquetas frente al bar.

William se negaba a entrar al bar nuevamente con ella, pero la carismática actitud de Ariana no le permitió resistirse y flaqueó.

—Está bien —accedió él.

—¡Vamos! —dijo Ariana. —Te prometo que llamaré a Jacqueline para que me busque. Me quedaré con ella hoy. ¿Te das la última copa conmigo?

—Está bien, pero llama a tu amiga —le pidió él.

Ariana salió del bar con su móvil en mano y al par de minutos volvió junto a William. Él pidió un vaso de agua y Ariana se impuso y le ordenó un "Scotch" en las rocas.

—¿Qué dijo tu amiga? ¿Viene? —preguntó William con interés.

—Sí, me dijo que la disculpara. Tuvo un pequeño inconveniente, pero ya viene —explicó ella.

Conversaron un rato, y los cuentos de Ariana le mantenían tan entretenido que olvidó que esperaban a Jacqueline. A Ariana le dio por bombardearle con preguntas, algunas personales y otras no tan personales. Él se las contestaba cortés, sin dar muchos detalles, aunque en una le confesó que le costaba tomar la iniciativa del divorcio las pocas veces que le mencionó el asunto a su esposa. También le dijo que en más de una ocasión sus amigos habían coordinado citas románticas para él, pero encontraba a esos prospectos demasiado superficiales para su gusto. Ariana le escuchaba, encontrando su falta de experiencia interesante.

Al cabo de un par de horas William comenzaba a sospechar que Ariana no se había comunicado con Jacqueline y cuando le preguntó, Ariana le confesó que no consiguió a su amiga, pero que le había mandado un mensaje de texto al cual ella aún no respondía.

William se levantó del taburete sonriendo para sí. No sabía qué tramaba Ariana, pero en su condición, no le interesaba averiguarlo.

—¿Sabes qué? —dijo William. —Voy a llamar un taxi. Me tengo que ir y no me sentiría cómodo dejándote aquí sola.

William sacó la billetera. Alzó la mano llamando al mozo y en breve pagó la cuenta.

Ariana se tomó el último sorbo de Martini que quedaba en su copa. Su pasión por la bebida le quitaba peso a su propia feminidad.

—¿Sabes qué?, no sería mala idea si me quedo aquí esta noche — dijo Ariana.

—No, no me parece del todo mala idea —dijo William y la ayudó a levantarse.

Ambos salieron del bar, y William caminaba sujetándola del brazo hasta que llegaron frente a la chica de la recepción.

—Luego, si quieres, me llevas hasta la puerta de la habitación. Así no me pierdo —dijo Ariana en son de broma y avanzó al mostrador— ¿Tiene habitación disponible? —preguntó Ariana y puso dos tarjetas de crédito sobre el mostrador.

La recepcionista los saludó y echó un vistazo al inventario.

—Tiene suerte, nos queda justo una habitación, es una suite Astor, ¿la quiere?

—Sí, sí. Lo que sea–respondió Ariana– pero dese prisa que me caigo de sueño–

Ariana caminó a un sofá a pasos del mostrador mientras William la ayudaba a sentarse.

—William, tráeme el papeleo para llenarlo. Siento que me da vueltas la cabeza—se lamentó Ariana.

La recepcionista tomó su identificación y procesó el papeleo correspondiente. Entonces pasó ambas tarjetas, pero ninguna autorizaba el cargo.

—Disculpe, señor —dijo la recepcionista—Ninguna de las tarjetas aprueba la transacción. ¿Tendría alguna otra?

—Hum.., Sí, un segundo —respondió William y se acercó hasta el sofá frente a Ariana.

—Ariana... Ariana—la llamó William, pero Ariana se había quedado dormida.

William echó un vistazo a sus espaldas avergonzado, y vio a la recepcionista junto al gerente.

William regresó hacia ellos resignado.

—Está bien, ¿ninguna pasa? —preguntó él y el gerente lo negó moviendo la cabeza. William exhaló incrédulo y sintió la obligación de cubrir el gasto con tal de salir de la incómoda situación.

—¿Cuánto es? —preguntó William.

—Veamos —dijo el gerente —doscientos cuarenta y cinco dólares con impuestos.

—Está bien, deme la suite Astor entonces, muchas gracias —dijo William y sacó su tarjeta American Express.

—Muy bien —aceptó el gerente —Necesito su identificación.

En menos de cinco minutos William tenía las llaves de la suite y avanzó hacia Ariana intentando despertarla.

—Ariana, Ariana...Vamos...—la llamó William, pero ella no despertaba.

El gerente de recepción se acercó a William y le mencionó que podrían llevarla a la habitación en silla de ruedas. Usualmente tenían un par guardadas para casos de emergencia. A William le pareció buena idea y asintió agradecido. Entonces, el gerente desapareció unos minutos y volvió arrastrando una enorme silla de ruedas y entre ambos levantaron a Ariana; alzándola cada uno por un brazo y la sentaron en la silla de ruedas. Una vez en la suite el gerente se despidió y les deseó buenas noches. William le dio una propina y le agradeció su hospitalidad.

El señor cerró la puerta, mientras William empujaba la silla de ruedas cargando a Ariana hasta el borde de la cama. La levantó sin dificultad y, sin esperarlo, Ariana abrió los ojos. Sus miradas se encontraron y sin saber qué decir, William sonrió. Ariana le devolvió el gesto y sin cruzar palabra lo haló por la corbata hacia sí y ambos cayeron sobre los mullidos cubrecamas que arropaban el colchón. Su noche se hizo larga, pero el tímido señor de modales pausados y respuestas lentas no se lamentó...

Capítulo 5

La próxima mañana Jacqueline se despertó recibiendo la llamada de Jeff, su abogado. Ella estaba ya más calmada, y le contó el incidente de la noche de la pelea con Phil y la acción que había tomado Phil al día siguiente, llevándose los niños tras solicitar una orden de alejamiento. Por primera vez Jeff le confesó que no confiaba en Phil y que, conociéndolo bien, no le sorprendía su jugada. Podía oler por qué línea vendría y, basado en su experiencia de años como abogado de familia, la advirtió que las acciones de Phil hablaban por sí solas y se inclinaba a pensar que sus intenciones eran arrebatarle la custodia y hasta la patria potestad sobre sus hijos. Posiblemente la dejaría sin nada, si eso fuera posible.

Jeff le preguntó a Jacqueline si estaba bajo algún tipo de tratamiento psiquiátrico y ella le aseguró que no. Tampoco consumía drogas, ni bajo prescripción médica y mucho menos ilícitas. Admitió que sus únicos momentos de locura fueron siempre provocados por el desprecio de su esposo, y su descarada infidelidad. Jeff le daba la razón, no porque la apreciara y la fuera a representar en el caso de un divorcio millonario, sino porque conocía a Phil Kingsley mucho mejor de lo que le gustaría admitir.

Jeff Hurst representó a Phil en varios casos legales en los últimos doce años, antes de tomar la decisión de dedicarse exclusivamente a casos de familia. La última vez que ambos compartieron, fue apenas menos de un año, cuando Phil lo invitó a cenar como un gesto de agradecimiento por haber ganado a su favor una demanda millonaria. Esa noche de celebración, al concluir la cena, Phil insistió que lo acompañara a tomar un par de tragos para presentarle a un grupo de colegas de Wall Street. Le aseguró que ellos necesitarían sus servicios y siendo agresivo como era Jeff buscando clientela, aceptó.

Phil llamó a un par de amigas que llegaron como paracaídas y ligeras de ropa, alegrando el ambiente entre copas y risas.

El abogado era un hombre de hogar que no acostumbraba a andar en bares. Esa noche, durante la velada, le mandó un mensaje de texto a su esposa Lisa, para advertirla de la excepción. A ella no pareció incomodarle la situación. Sin embargo, una vez pasadas las doce y media de la noche, Jeff recibió la llamada de su esposa, quien no paraba de gritarle desde el otro lado de la línea y todos alcanzaron a escuchar el sermón de la mujer.

Jeff se despidió del grupo avergonzado y deseándoles buenas noches. Mientras él iba en el taxi de vuelta a casa, Phil Kingsley, ya pasado de copas, llamó a Lisa a la casa y le pidió que fuera más divertida y menos mandona con su esposo. Lisa lo insultó tildándolo de amoral y mala influencia y le colgó el teléfono.

La disputa siguió en la casa de Jeff cuando éste llegó. Tras el incidente, Phil y Jeff cerraron el breve capítulo de su casi inexistente amistad. Contrario a Jacqueline, a Lisa Hurst la invadía un carácter ardiente. Era de mecha corta y exigía respeto y compromiso al estilo militar. Era mandona y censuraba a su esposo con un tacto tan suave como un cactus.

Jeff Hurst y Phil Kingsley nunca lograron ser afines, y tras esa abrupta noche, nada fue peor entre ellos.

Jeff y Jacqueline acordaron encontrarse en par de horas frente a las escaleras de la corte del bajo Manhattan. El abogado aún no había salido de su casa, así que llamó a su secretaria y le pidió que cancelara sus citas de esa mañana. Le dio instrucciones para que las acomodara en su agenda para esa misma tarde de ser posible.

Jacqueline se arregló y salió de su casa elegantemente vestida y sin una pizca de maquillaje. Escondía su semblante demacrado detrás de unas enormes gafas de sol que poco tenían que ver con el clima o la ocasión. Tomó un taxi dirigido hasta el punto de encuentro con su abogado y una vez que llegó al lugar, pagó la tarifa y se bajó, mientras que con el paraguas se protegía de un sonoro aguacero. Así caminaba, mirando a todos lados de la calle intentando divisar a Jeff, pero no lo veía. Se le revolvía el estómago de nervios, sabiendo que él era exageradamente puntual y temía que hubiera cambiado de opinión para ayudarla. Ese día, Jacqueline cargaba una intensa paranoia. Al tiempo que se dirigía hacia las escaleras del edificio escuchó que la llamaban a voces.

—¡Jacqueline!, ¡Jacqueline!—gritaban.

Jacqueline se dio vuelta, y suspiró aliviada. Era Jeff que la saludaba desde la acera opuesta. Ella le devolvió el saludo alzando la mano, mientras él se lanzó a cruzar la calle apresurado. Llevaba un traje de chaqueta gris oscuro cubierto con una gabardina negra que aleteaba por el viento y lucía como la capa peculiar de un superhéroe. Sin duda, tenía buen estilo. Su bufanda roja resaltaba a leguas y su maletín de piel de cocodrilo, color café, le propiciaba un aire más formal que autoritario. Jacqueline se lograba calmar viendo en él la figura protectora que en ese momento tanto necesitaba.

—Buenos días, Jacqueline —saludó Jeff en tono compasivo y la abrazó.

Jacqueline le devolvía el abrazo forzando una sonrisa.

—Buenos días, Jeff. Disculpa si te descompuse la agenda. Jamás pensé que Phil llegaría a estos extremos —expuso ella.

Jeff sonrió y le dio una palmadita en la espalda andando a su lado.

—No te preocupes —dijo él.

Jeffrey Hurst era un hombre alto, de cabellos rubios bañados en canas y sus ojos azules disparaban una mirada tan intensa que resultaba impactante, aunque no lograba intimidar gracias a su amplia sonrisa. El hombre gozaba del tipo de carisma que lograba seducir sanamente a todos aquellos que se topaban con él, contagiándoles su buen humor.

La compañía de Jeff no daba espacio para alimentar malos ratos o depresiones, y muchos lo consideraban un amuleto a la hora de litigar. Él era un excelente abogado, firme, convincente y fácil de escuchar.

—Vamos a ver cómo arreglamos el desastre que está montando el loco de tu esposo —dijo él.

Sin despegarse de su lado, Jacqueline lo agarró del brazo y subieron las empinadas escaleras que llevaban hasta las dobles puertas de entrada al edificio.

Jeff se adelantó esa mañana llamando al juez y le pidió una vista de emergencia que consiguió. Le comentaba a Jacqueline qué había hablado con Phil y Brandon, su abogado. Les llamó de camino a la corte y le dijo que Phil alegaba que ella había perdido el juicio y que quería el divorcio. Brandon le advirtió que aconsejara a Jacqueline para que tomara lo que Phil ofreciera en su momento. Si Jacqueline se oponía a sus condiciones, Phil amenazaba con quitarle la custodia de los niños para siempre y la sometería constantemente a las tediosas evaluaciones psiquiátricas.

Al escucharlo, Jacqueline se echó a reír.

—¡Es un imbécil! —Soltó indignada– Jamás he visitado psiquiatras o psicólogos. Él no puede imponer que me sometan a una evaluación, ¿o sí?– dijo Jacqueline en forma de pregunta.

Jeff se encogió de hombros.

—No sé cuál es la historia en realidad, Jacqueline. Pero hablé con Brandon, su abogado. Él me dijo que Phil le envió unas fotografías.

—¿De qué? —preguntó Jacqueline intrigada. –Jamás me he tomado fotos comprometedoras.

—Jacqueline —le explicó Jeff, frenando el paso y bajando la voz. –Tú estabas en el armario de tu esposo con unas tijeras, apuñalando sus zapatos.

Jacqueline paró el paso y lo miró atónita. Entonces Jeff le dijo que Brandon intentaba convencerlo para que aconsejara a Jacqueline, para que ella no objetara la propuesta de Phil.

Jacqueline lo miró con ojos grandes.

—¡Dios! —exclamó Jacqueline llevándose la mano a la boca. –Fue su culpa, Jeff —argumentó en tono de disculpa.

—No creo que tengas mucho a tu favor, dado el tipo de evidencia. No costaría demasiado convencer al juez que sufres de inestabilidad mental, si viera esas fotos. Tenemos que llevarle una historia que devalúe lo que Phil alega —le explicó Jeff.

A Jacqueline se le saltaron las lágrimas, y se sentó en un banquillo en el pasillo. Jeff se sentó junto a ella mientras esperaban para ver al juez.

—Phil está reacio, no está en las de negociar.

—No puedo creer que me sacó fotos. Lo tenía planeado —propuso Jacqueline dándole vueltas al episodio de aquella noche. No lograba sacar sentido de cómo ni cuándo habría Phil tomado las fotos. Jeff la abrazó amigablemente y sonrió en complicidad.

—¿Por qué te descontrolaste, Jacqueline? —le preguntó.

—No sé, Jeff. No lo sé.

— Todos sabemos que Phil nunca fue un santo, pero te pasaste de la raya.

—Creo que Phil me quiere volver loca —dijo Jacqueline con un hilo de voz.

—Conociendo a Phil, creo que nos va a montar el caso bastante cuesta arriba —predijo Jeff en tono sereno.

—¿De verdad lo crees?

—Sabes que soy sincero.

Jacqueline pensó en Ariana y recordó que ella pudo salir del hospital psiquiátrico achacando su ataque de locura a una borrachera. Entonces, Jacqueline supuso que si funcionó para su amiga, también funcionaría para ella.

Jacqueline se acercó a Jeff y se pegó a su oído.

—Estaba borracha— le susurró.

—¿Borracha? —repitió Jeff en voz baja.

—Sí. Phil sabía que me pasé de copas —confesó ella como quien comparte un secreto. –Él sabe que me pongo fatal cuando bebo, y no es frecuente. Tú lo sabes. —hablaba Jacqueline, como buscando la complicidad de Jeff y él asintió. —Entonces, Phil fue a la habitación y me hizo comentarios estúpidos sobre la chica con la que lleva saliendo hace más de un año, insistiendo en convencerme que sólo la ve en la oficina.

—Pero, ¿por qué no me dijiste eso esta mañana? —preguntó Jeff extrañado.

—¡Por Dios, Jeff, si apenas puedo pensar!

—Bien —dijo él atento.

—Le confronté y el poco hombre ¡me empujó!

—¿Qué? —se alarmó Jeff

Jacqueline asintió.

— Sí, me empujó en la sala. Como sabe que no soy muy dada al trago, te puedes imaginar qué maquiavélico —Jacqueline hablaba ahora en tono de suspenso. —Se fue al cuarto y le dio por hacer las maletas, mientras me hablaba de otras mujeres. ¿Qué se supone que hiciera? Estaba bajo los efectos del alcohol y él me provocó—reafirmó Jacqueline de manera convincente.

No se quedaría con las manos cruzadas. Comenzaba a despertar su espíritu guerrero, convencida de ganarle la batalla. Si él jugaba sucio, ella lo haría cien veces mejor.

Jeff la observaba con duda. Conocía a Jacqueline y su falta de afición al trago. Sin embargo, como abogado sabía que esa historia sería lo suficientemente convincente como para voltearle la tortilla al infalible Phil Kingsley.

—Muy bien, Jacqueline —reconoció Jeff— Le diremos eso al juez. Phil sabía que estabas embriagada y vulnerable, y te provocó —le explicó él.

Jacqueline asintió con la corazonada de que su estrategia funcionaría.

—¿Dónde estaban los niños? —preguntó Jeff.

—Durmiendo. Ellos no me vieron tomar vino ni cuando me empujó. Se levantaron y vinieron al cuarto, cuando Phil estaba con la maleta en mano.

—¿Estás segura que estaban durmiendo, Jacqueline?

Jacqueline asintió nuevamente.

—Bien —reafirmó Jeff.

Ambos se levantaron al ver un oficial que se les acercaba y tras verificar sus respectivas identidades, les guio a la oficina del juez.

Más lejos que cerca del edificio judicial, despertaba Ariana tirada en la cama de la lujosa suite del hotel Saint Regis. Estiraba los brazos mientras paseaba la vista por el techo intentando espabilar la memoria. Al sentirse ligera de ropa alzó las cobijas y se encontró desnuda. Entonces recordó que algo había pasado con William la noche anterior pero le extrañaba no verlo a su lado.

"¡Qué grosero!", pensó asumiendo que se fue sin despedirse. —¡Qué pena! —se dijo a sí misma, al no poder recordar algún momento fogoso de esa noche. Sólo sentía las fuertes palpitaciones que provocaban la resaca. Poco después escuchó que alguien abría la puerta del cuarto y alzó las sábanas cubriéndose hasta el cuello, pero el susto pasó al instante al ver a William que entraba sonriente, como un adolescente tras probar su primera noche de locuras.

—Buenos días —dijo él sentándose al lado opuesto de la cama.

—Buenos días– contestó ella. –Es una pena que no recuerde nada.

William se echó a reír. Ya estaba vestido, pero todavía no se había puesto la corbata ni la chaqueta.

—¿Por qué no me refrescas la memoria?

—Me gustaría, pero es mala idea. Tengo cosas que hacer.

—¡Típico! —exclamó Ariana levantándose de la cama con las sábanas enredadas como una musa griega.

—Disculpa Ariana, tengo reuniones después del mediodía, y tuve que cancelar dos que tenía pautadas temprano esta mañana. No me gusta dejar mis asuntos a medias.

—A mí tampoco, por eso te pregunté. Pero no pasa nada. Si fueras tan espectacular en la cama seguro hubieras invadido mi memoria —expresó despechada y se metió a la ducha.

—Voy a cerrar la cuenta. Me imagino que te irás en taxi.– dijo William y Ariana lo ignoró. Entonces William se acercó a la puerta del baño.

—Por si no lo recuerdas, tus tarjetas no funcionaron.

Ariana salió de la ducha y se echó el albornoz blanco encima. Se enrolló una toalla blanca en la cabeza y llegó a la salita de la suite.

—Seguro que Carlos me las canceló. ¡Qué tacaño! ¿Qué le cuesta dejarme dos tarjetas? ¿Con qué se supone que sobreviva? —se lamentó ella a la vez que se servía una taza de café. William había pedido servicio una hora antes, y aún estaba la bandeja sobre la mesa de la salita con varios panecillos y dos termos plateados, uno de café y otro con leche.

—Te aconsejo que no tomes alcohol, mientras sigas bajo medicamentos, es muy peligroso —le aconsejó William y salió del cuarto.

—Gracias, amigo, lo tendré en cuenta —voceó Ariana más reacia que agradecida por el consejo.

William salió hacia la recepción y mientras tanto, Ariana se vistió y refrescó el semblante con los escasos cosméticos que llevaba en la cartera.

Una vez en el área de recepción, William se acercó al mostrador saludando a la chica de turno y le mostró el recibo que le habían pasado por debajo de la puerta esa misma mañana.

—¿Pasa algo, señor? —le preguntó la joven.

William asintió.

—Sí, este recibo está mal —reclamó él, plantando la cuenta sobre el mostrador frente a la chica.

La joven volvió su atención al documento viendo que tan solo cobraban una noche de estadía. La orden de café fue complementaria.

—Esta no es la tarifa que me ofrecieron anoche —volvió a reclamar él.

La joven llamó al gerente de su turno y, al minuto, llegó frente a ellos un señor alto, delgado, con un tupé de pelo castaño, que más bien parecía una boina de lana.

—Buenos días —dijo el señor. ¿En qué le puedo ayudar? Me dice Judith que tiene usted dudas en referencia a la tarifa.

—Sí, el gerente me ofreció la Astor Suite por doscientos y algo de dólares anoche. Aquí dice ¡mil trescientos ochenta y cinco!

—No, señor. Imposible. No podemos ofrecer el Astor Suite por doscientos dólares. Aquí no hay cuartos por esa tarifa.

—Quizás el gerente quiso decir mil trescientos ochenta, señor Harron —dijo la recepcionista.

William sacudió la cabeza y sacó la billetera del bolsillo. Se echó a reír sabiendo que la tarifa le sonó inicialmente demasiado económica y reconoció que fue su error no confirmarlo de antemano. Sin dar gracias o pedir explicaciones pagó la cuenta. Se disponía a volver a la habitación cuando vio a Ariana que corría hacia él desde el elevador. Llevaba con ella la chaqueta de William y la corbata en la mano.

—¿Estás bien? —le preguntó él.

—¡No! —respondió Ariana en un jadeo.

Le agarró por el brazo.

—Perdona William, no te volveré a molestar, pero me tienes que llevar a Queens.

—¿Por qué? ¿A dónde?

—Casi me olvido. Tengo cita en la corte a las once y media y son casi las once, dijo Ariana alterada. William se plantó firme frente a ella.

—Te diré algo, ya cancelé mis citas esta mañana, no es la mejor manera de comenzar el día. Prefiero pagarte un taxi, tengo muchas cosas que hacer. Toma —dijo él mientras sacaba la billetera.

Ariana lo miró con la boca abierta.

—¡No! Me vas a llevar a la corte y punto.

Él la miró sorprendido. Le costaba entender que la mujer tuviera la confianza de imponerse de esa manera, pero ella insistía halándole del brazo y casi lo arrastraba a la salida del hotel.

—No puedo perder tiempo buscando un taxi —se impuso Ariana. —Muchos no cruzan a Queens y me voy a meter en un problemón con el juez. Por favor, te prometo que no te molestaré más. El último favor.

—Está bien —repuso William. —Pero después adiós y buena suerte, ¿entendido? —afirmó él y salieron del lugar.

—Sí, sí, lo que tú digas —contestó ella sacando el celular de la cartera para llamar a su abogado. Sonaba agitada y su abogado la calmó asegurando que hablaría con el oficial asignado a su caso. Ariana tenía cita en corte esa mañana para reunirse con el oficial asignado en su caso para completar un cuestionario. Basado en la evaluación, el juez establecería qué tipo de programa sería apto para ella y su condición.

En menos de una hora llegaron a la corte y William dejaba a Ariana frente al edificio.

—Me puedes dejar allí —dijo Ariana señalando hacia las escaleras de la entrada.

Ariana le dio las gracias con un beso en la mejilla y salió trotando escaleras arriba. William pisó el acelerador, pero al instante notó que el manubrio se sentía más pesado y apenas lo podía hacer girar. Se bajó temiendo lo peor y tras darle un vistazo a la goma del frente, confirmó su sospecha. La goma estaba completamente sin aire.

—¡Qué oportuno! —se dijo a sí mismo, y caminó entonces hasta el baúl y sacó la goma de repuesto. Buscó el gato para iniciar la tediosa labor de cambiar la goma y, al no encontrarlo, recordó que se lo había prestado a un colega de la oficina días antes y éste no se lo había devuelto.

Guardó la goma de repuesto en el baúl y cerró el vehículo. Fue entonces que vio a un barrendero que limpiaba la acera frente a las escaleras de la corte y se le acercó.

—Con permiso —dijo William — tengo una goma vacía, pero no tengo gato para cambiarla. ¿Podría ayudarme?

El hombre dejó de barrer, ojeando el vehículo.

—¡Sí, claro! —respondió el viejo de pelo fino y frente alta. –No tengo gato, no tengo coche, pero Tony, el del colmado, seguro que le puede ayudar —afirmaba señalando a una tiendita a dos bloques de distancia.

—¿Tony, se llama?

—Sí, Tony es el dueño. Vaya para allá que yo estaré aquí un rato. Estaré pendiente de su coche por si llega un policía.

—Gracias —dijo William y avanzó al colmado. Entró recibiendo un fuerte olor a tortillas de maíz, que se imponía sobre el aroma de café recién hecho.

—Buenos días —saludó William, inclinándose sobre el mostrador y al momento vio a un señor de estatura mediana, blanco como el papel que llevaba el cabello negro como carbón, aplastado hacia atrás con gomina. Salía del baño secándose las manos con una bayeta.

—¿Qué quiere? —dijo el hombre mascando chicle.

—Disculpe, ¿es usted Tony?

—Sí, y usted, ¿quién es? ¿Cómo le ayudo? —se ofreció el hombre.

—Estaba en la corte, y tengo una goma vacía pero no tengo gato para cambiarla. El señor que trabaja barriendo el área me dijo que quizás usted podría ayudarme.

—¿Dónde está su coche? —preguntó el hombre.

William se dio la vuelta señalando el edificio judicial.

—Está allí —señaló él.

—Espere, le acompaño —dijo el hombre, mientras caminaba como pingüino al cuartucho contiguo a las neveras y refrigerios. Allí agarró un saco de vinil negro, que se veía pesado.

—¡Leny!, ¡Lenyyy! —gritó el hombre con el saco en la mano desde la puerta.

—¿Qué te pasa? Estoy contando el inventario— gritó una mujer desde la trastienda.

—Ven al frente, tengo que salir un momento a cambiar una goma.

—¡Somos un colmado, no un taller de mecánica! —dijo la mujer malhumorada.

William y Tony salieron de la tienda y cruzaron la avenida hasta llegar frente al edificio. William miraba hacia ambos lados de la acera sin ver al viejo. Su vehículo tampoco estaba.

—Y bien, ¿dónde está su coche? —preguntó Tony.

—¡Lo dejé aquí! —respondió William extrañado. Alzó la vista buscando al viejo, pero tampoco lo veía.

—¡Mi coche estaba aquí!

—Hoy no es su día de suerte —le dijo Tony señalando un cartel frente a las escaleras que decía "Zona de remolque".

—¡No lo puedo creer! —exclamó Will. —¡Pero si no he tardado ni diez minutos!

—Créalo... El mío lo han remolcado tres veces en una semana — apuntó el hombre a su lado sujetando el saco de vinil negro. —Esta gente parece que vienen en naves espaciales en vez de camiones. Yo dejo mi coche en casa. Mejor vengo en tren.—dijo Tony y se echó a andar de vuelta a su tienda.

—¿Sabe a dónde los llevan? —inquirió William.

— No queda lejos, a unos veinte minutos —le contestó.

William se sentó en un escalón de las empinadas escaleras, y comenzó a hacer llamadas. Su socio no contestaba y en el momento que se dispuso a marcar a la compañía de taxis escuchó una voz chillona a corta distancia de las escaleras. Alzó la vista y su mirada chocó con Ariana, quien había terminado rápidamente la vista con el juez y su oficial. Salía caminando muy confianzuda junto a su abogado y tan pronto vio a William sentado en el escalón aceleró el paso.

—¡Hola, William! ¿Todavía estás aquí? No me digas que te quedaste a esperarme — dijo halagada.

—No. Me han remolcado el coche —dijo él, levantándose del escalón.

Ariana le presentó a su abogado. El afable abogado le dijo que el lote donde guardaban los vehículos que remolcaban, no quedaba lejos y Ariana le pidió que lo llevara.

—Sí, claro que sí —aceptó el abogado y William lo siguió al vehículo junto con Ariana.

—Las cosas del destino, ¿verdad? —decía Ariana con su sonrisa, agarrando a William por el brazo. –Y yo que pensé que jamás te volvería a ver…

William no le contestó. No lograba comprender cómo era posible que se desencadenaran tantas desgracias a la vez junto a esa mujer que él apenas conocía y aunque no era supersticioso comenzaba a creer que quizás Ariana le traía mala suerte.

Se montaron en el coche del abogado de Ariana, que era uno de dos puertas, modelo Mazda deportivo y tan pequeño que parecía de juguete. A William poco le importó llevar a Ariana sentada en su regazo sin apenas poder respirar. Se sentía agradecido por el gesto de ese hombre que él no conocía.

A millas de distancia, en el corazón de la ciudad, se encontraba Jacqueline bajando de un taxi amarillo, frente a su edificio. Llegaba a casa con sentimientos encontrados, confrontando la novedad de no tener niños en casa y el cambio a una vida que no sabía si podría llevar.

Jacqueline había tenido suerte junto a Jeff en la corte pues Jeff Hurst logró conmover al juez, y aunque éste no removió la orden de alejamiento, sí dio validez a la alegación de alcoholismo encontrando ese mal más común en los últimos años. Esa misma mañana le tomaron los datos, y tras pasar un cuestionario el juez, impuso que Jacqueline debía asistir a noventa reuniones de Alcohólicos Anónimos.

Ella aceptó la sentencia de manera optimista sabiendo que, al cumplir, Phil perdería toda la fuerza que albergaban sus absurdas acusaciones.

Una vez en casa, Jacqueline se quitó el abrigo colgándolo en el perchero de hierro dorado esquinado en la entrada y fue directa al cuarto de su hijo, Phil Jr., se sentó en su escritorio y prendió la computadora. La esencia de sus hijos seguía impregnada en las paredes. Ella buscaba consuelo llamando a un par de amigas no tan cercanas. Eran esposas de los colegas de Phil. Sin embargo, ninguna de ellas contestó y Jacqueline se sintió más sola que nunca. Las pocas personas que conocía, con excepción de Ariana, eran amigas que conoció por medio de Phil y era de esperar que estuvieran de su parte y no le contestaran. Ariana era su única aliada.

Jacqueline se conectó al internet buscando información sobre el programa de Alcohólicos Anónimos, ya que ella sólo sabía lo que había visto ocasionalmente en alguna película o programa de televisión. La oficial que la entrevistó en la corte, tras la vista con el juez, le había dado varios opúsculos con información del programa así como otros referentes a la condición del alcoholismo. También tenían información de ciertos centros, actividades y números de teléfonos de líneas de ayuda disponibles para apoyo y consejería las veinticuatro horas.

Estuvo sentada viendo videos y leyendo sobre el tema hasta que se cansó. Al rato preparó la bañera con agua caliente hasta el tope, le echó gotitas de aceites aromáticos y encendió dos velas para relajarse y allí sumergió los miedos. Quiso aprovechar la hora de descanso pero no logró apaciguar su estado de nervios. Salió de la bañera y se tiró la bata encima.

La noche caía serena y Jacqueline se recostó en el sofá a ver televisión, cuando sonó el teléfono de la casa y contestó. Era Donna, que llamaba para saber cómo se encontraba y hablaron un buen rato.

Donna mencionó que le había preparado algo de cenar y lo había dejado guardado en una cazuela, al lado de la estufa.

La amable empleada también le preguntó sobre su visita junto al abogado a la corte y Jacqueline le contestó optimista, sin dar mucho detalle. Donna le contaba sobre la experiencia del divorcio de una amiga, que vivió una situación similar a la de ella, y le dijo que la mujer había perdido custodia de sus tres hijos por todo un año a causa de falsas alegaciones del esposo, y que, tras una terrible depresión, encontró refugio en la práctica del yoga.

—Al día de hoy —expuso Donna —la señora es instructora de yoga y dice que el yoga fue su mejor instrumento para recuperar su salud mental.

—Siempre me ha interesado ese tema —confesó Jacqueline.– Quizás me convenga tomar un par de clases y ver qué tal me va.

—Seguro que será para bien.

Antes de terminar la conversación, Donna le dijo que tenía una cita médica y llegaría a trabajar un poco más tarde la próxima mañana. Jacqueline le dijo que no se preocupara e hiciera tranquila sus diligencias, que ella estaría en casa toda la mañana y colgó, no sin antes desearle buenas noches.

Jacqueline se sirvió la mitad de la ración de los deliciosos espaguetis que Donna le dejó preparado y se sentó frente a la computadora, esta vez en busca de información sobre la práctica del yoga. Leyó varios testimonios que llamaron aún más su atención, y buscó en la web sobre los centros de yoga en la ciudad donde pudiera comenzar. Encontró un lugar que ofrecía clases en varios horarios del día y apuntó los datos.

Jacqueline estaba por acostarse y, justo cuando se disponía a enchufar el móvil al cargador, Ariana llamó.

—¡Hola!

—¡Hola! ¿Dónde andas? —preguntó Ariana.

—Estoy en casa, ¿dónde voy a estar? —dijo Jacqueline.

—¿Qué te pasa? Te oyes apagada.

—No voy a entrar en detalles…

— ¿Qué ha pasado?– preguntó Ariana ignorante de la situación que vivía Jacqueline.

—Me estoy divorciando. Phil se llevó a los niños y el juez me impuso asistencia obligatoria a noventa reuniones de Alcohólicos Anónimos.

—¡Me has dejado fría! —Exclamó Ariana —Y a ti, ¿por qué te están mandando a esas reuniones? ¡Si tú eres la primera que te retuerces arrugando la cara de asco de tan solo mirar una botella de Whisky!

—Te dije que no voy a entrar en detalles.

—Pues iremos juntas, si quieres. Pero ahora, a lo que voy. ¿Estás preparada? —dijo Ariana.

—¿Para qué?

—Te vas a quedar de una pieza cuando te cuente.

—¿Qué ha pasado ahora? —preguntó Jacqueline.

—Bueno, a mí muchas cosas. Una de ellas es que me llevé a tu amigo William a la cama.

— ¿Cómo?

—¿Te extraña?

—Un poco —respondió Jacqueline.

—Pues no sé si me lo llevé a la cama porque le resulté irresistible, o porque es facilito. Por lo que puedo recordar no me dio mucho trabajo.

—Y ¿qué tal?, ¿qué pasó? —preguntó intrigada Jacqueline, mientras se incorporaba en su lado de la cama, apoyando la espalda contra las almohadas del espaldar. Hablaban con la misma emoción de dos chiquillas de secundaria.

—Bueno, en realidad no sé, me pasé de tragos y desafortunadamente no me acuerdo de nada.

—A lo mejor no pasó nada —supuso Jacqueline.

—Créeme, algo pasó. Cuando me desperté por la mañana estaba desnuda y William todavía estaba allí, así que me imagino que no nos fue tan mal.

—¿Allí dónde? ¿Te lo llevaste a tu apartamento?

—¡No! El hombre me pagó una suite en el Saint Regis, mira qué atento.

—¡Le habrá costado una fortuna!

—No importa, yo me lo merezco. Pero, en fin. Tengo un problema grandísimo, Jacky.

—¿Qué?–preguntó Jacqueline sin saber que más podría esperar.

—Carlos me ha cancelado las tarjetas, me vació la cuenta de banco y mañana me quedo en la calle. ¿Cómo te cae?

—No puede ser. ¿Le contaste a tu abogado? —dijo Jacqueline.

—Querida, en lo que la corte impone un poco de decencia a ese bárbaro, me dan las uvas de Año Nuevo debajo de un puente. No sé qué hacer. Me iría con mi hermana a Florida, pero imagínate. Tengo que trabajar, arreglar la situación con la casa, ponerla a la venta y negociar la repartición de bienes y deudas. Tampoco me voy a ir con las manos vacías. Jacqueline, ya que sus hijos estaban fuera de casa, le ofreció su ayuda.

—Ven conmigo, Ari.

—¿A dónde?

—Aquí, quédate en casa conmigo hasta que resuelvas la situación.

—¿En serio, Jacky?

—Claro que sí. Te puedes quedar en el cuarto de Mark, ellos no vuelven hasta el mes que viene, y Phil no vuelve a pisar la casa mientras yo viva. Así que, vente a casa. Seguro nos podremos ayudar mutuamente —pronosticó animada.

—¡Eres un sol, Jacky! Gracias. Y mira qué casualidad, a mí también me mandaron a eso de noventa reuniones de Alcohólicos Anónimos.

—Podremos ir juntas—reconoció Jacqueline.

—¡Claro que sí! —Afirmó Ariana eufórica y más aliviada —Tú sabes que yo no tengo problemas con el alcohol, pero prefiero cumplir con esas tediosas reuniones antes de meterme al hospital psiquiátrico — afirmó Ariana.

—Pues muy bien —repuso Jacqueline animada. —Mañana hablaremos —dijo Jacqueline y se desearon buenas noches.

Jacqueline se metió bajo sus sábanas arropándose hasta el cuello con las cobijas y pensando en la idea de tener a Ariana en casa, y se tranquilizaba sabiendo que no estaría sola a la vez que le brindaba una mano a la amiga que tanto la necesitaba. El apoyo de su abogado, Jeff, también lograba sosegarla. Para su sorpresa, antes de apagar la luz y acomodar la cabeza en la almohada, vio que entraba un mensaje de texto a su móvil. Lo tomó de la mesita de noche y a oscuras leyó el mensaje.

"Todo saldrá bien, te doy mi palabra. Que descanses. Jeff "

Al leerlo, ella simplemente sonrió y colocó el celular en la mesita, sintiendo los párpados de sus ojos pesados de cansancio. Esa noche Jacqueline dejó atrás la obsesión con su marido. Tiraría sus memorias en las tinieblas del olvido, decidida a arrancarlo por siempre de su corazón. Sabía que tendría las fuerzas para hacerlo con el tiempo. La respaldaba el coraje de su gran desilusión.

Capítulo 6

Jacqueline dormía mientras, a calles y avenidas de distancia, el gentío de cepa trabajadora salía de diferentes trenes exhalando, aliviado de terminar otro día de ardua labor. Cruzaban entre las plataformas del Metro subterráneo y corrían escaleras arriba saliendo de la estación para ver la noche caer sobre el cielo del barrio popular de Washington Heights en el alto Manhattan.

Entre todo el bullicio de gente resaltaba Josefina, una mujer de formas toscas y pómulos huesudos que le daban a su aspecto ese atractivo inigualable de cadáver ambulante. A pesar de su piel, color canela, la palidez de su cara resaltaba. Sus ojeras prominentes le daban a su rostro un aire enfermizo y era tan delgada que se escurría entre los pasajeros desapercibida. El gentío salía del tren, como si corrieran tarde a una cita de vida o muerte. Por los empujones y codazos, ella aguantaba su pesada mochila con ambas manos. La llevaba al tope de libros, y también guardaba en ella un monedero con su poco dinero. Sus manos eran grandemente desproporcionadas a sus espigados brazos. Sería un reto advertir su delgadez a simple vista, pues con frecuencia vestía con ropajes holgados y durante el invierno, no le faltaba su enorme abrigo marrón que tanto la auxiliaba del frío neoyorquino.

Para Josefina era común salir, a fuerza de empujones, de la estación del tren y andaba como quien sabe dónde pisar, evadiendo los charcos frente a los alcantarillados, entre la calle y la calzada.

Al rato, llegó a su vecindario donde la recibían los gritos de vecinos que, gracias a la costumbre, ella apenas lograba escuchar. Era ese un barrio de gran contraste con la quinta avenida.

A ella le gustaba su barrio, por encontrar en éste un mundo de comodidades, inexistentes para ella en su tierra natal. Josefina se había criado con muchas carencias en un área rural, abandonada entre dos pueblos del centro de la hermosa República Dominicana. De allí también era su esposo, Johnson, a quien ella apenas lograba soportar.

Desde la calle, Josefina veía las ventanas de algunos apartamentos completamente abiertas. Ya era la hora de la cena, y, al cocinar, los vecinos abrían las ventanas para ir aireando sus hogares con la brisa otoñal, evitando así dejar en sus pequeños espacios el olor de fritura y comida caliente, impregnado en las paredes.

El aroma que escapaba de sus calderos, viajaba libre, perfumando la calle frente al edificio y la entrada del portal.

Josefina llegó frente a su viejo edificio y para abrir las puertas de metal no tuvo que usar llaves. Le bastó entrar dando un simple empujón, ya que el pomo de la puerta de la entrada no servía, no tenía cerradura. De todas formas, en ese edificio nadie temía por su seguridad. En sus casas no había artefactos de valor que llamara la atención de ladrones y todos en el área sabían que los unía el sufrimiento de vivir con más o menos las mismas carencias.

Josefina llegó frente a la puerta de su casa olfateando el espacio.

—¡Qué peste! —exclamó Josefina entrando a su humilde hogar. Recibía la cálida bienvenida de su amoroso perro, que daba vueltas frente a ella como un trompo, sacudiendo la colita de felicidad.

Nono era un perro de raza indefinida. Su cara chata y redonda como un platillo le daba el parentesco de bulldog, aunque su rabito y patas huesudas delataban su mezcla con sangre de chihuahua. El perro quedaba hipnotizado mirando a su ama con ojos que eran tan grandes y redondos que parecían dos parchos negros.

Josefina lo había rescatado hacía apenas un año, cuando lo vio tirado frente al portal. Lo llevó al veterinario de urgencias y lo dejó internado y, a los tres días, el perrito ya estaba con ella en la casa. Josefina no tuvo el corazón de regalarlo y decidió domesticarlo. Sin embargo, al intentarlo, por su falta de experiencia, ella solo sabía gritarle "¡no!". En poco tiempo su mascota sólo reaccionaba al regaño y ella encontró lógico darle el nombre al que el animalito respondía: "No-no".

Josefina soltó su macuto en la habitación y fue de vuelta a la sala viendo a su esposo, Johnson, tirado en el sofá. Ella se plantó frente al televisor, interrumpiendo la vista.

—Johnson, ¿y tú no me vas a ayudar en mi proceso? —preguntó Josefina. —¿Y esta peste? ¿Tú no puedes sacar al perro, que el pobre perro me tiene que cagar la casa y tú te quedas ahí tirado como si nada?

—¡Ese perro viene de la boca del diablo! —respondió Johnson desenredando las piernas de las sábanas desgastadas, que lo cubrían desde la mañana.

—¿No sacaste a Nono ni una vez? —cuestionó Josefina.

—Si lo saco, lo dejo fuera para que se busque la vida, y yo poder tener la mía aquí, tranquilo en mi casa —dijo Johnson. Fue a la nevera y sacó un refresco y le pasó por el lado sin hacer caso.

Josefina y su pareja llevaban quince años juntos. De esos quince, ocho casados. Josefina no lograba verlo con los mismos ojos hacía años y el simple roce de manos le provocaba retortijones de estómago.

Johnson la notaba más distante cada día y comenzaba a resentirla. Con frecuencia, el hombre le arrebataba el teléfono para rebuscar entre los mensajes de texto o números de contactos, como un ogro celoso. La culpaba de tener aventuras, que ella no tenía, y le costaba entender que había preferido hacer grandes cambios en su vida, como abandonar la bebida. Que fuera más independiente ella y que esto provocara arranques de celo en él, a ella le traía sin cuidado. Hacía tiempo que Josefina había perdido todo respeto por él.

Johnson se había quedado sin el trabajo de gerente en una pizzería y llevaba varios meses trabajando en una barra nocturna, como guardia de seguridad. Pocas veces llegaba a casa antes que Josefina saliera, a las seis de la mañana.

—Estoy en los últimos días de exámenes, Johnson, ¿cómo es posible que no me ayudes tan siquiera abriendo una ventana?

—Eso no es trabajo mío. Y ¿quién te mandó, dizque a ponerte en esa vaina de clases de enfermera?

—¡Es un curso de asistente médico! ¿Qué tú quieres? ¿Que una siga de rumba con el trago y limpiando restaurantes?

—Pues la cosa estaba mejor en casa. Te metiste a dejar el ron, me trajiste un perro vagabundo y ya no me sirves ni el café. ¡Oh, señores! ¿Y con qué se come esta vaina?

—Se llama superarse, mira a ver si sigues mi ejemplo — dijo Josefina mientras barriendo la sala.

Johnson la miraba de reojo, con desprecio, viéndola limpiar la sala obsesivamente con una fregona bañada en detergente, con esencia a lavanda, antes de abrir las ventanas para transformar el área con aire fresco y buen olor.

Entonces dio de comer a su perro y el animal devoró la comida enlatada en minutos. Ella fue al baño y la mascota la siguió. Allí Josefina cerró la puerta corriendo el pestillo y suspiró un momento de alivio. Tras darse un duchazo se puso el pijama y fue a su habitación, tirándose, agotada, sobre el colchón que estaba en el suelo. Tenía que estudiar y pasar los exámenes, esperanzada en buscar la oportunidad de un mejor empleo. Solo la independencia económica le brindaría la libertad de salir de su matrimonio sin sentido.

Johnson se asomó entre abriendo la puerta de la habitación, enseñando medio cuerpo.

—Hoy no llego, pa' que lo sepas —dijo él y, sin bañarse, se vistió con unos "jeans" y el chaleco con el nombre de la barra que era su uniforme. Agarró su abrigo y salió.

Josefina estudió hasta las doce de la noche, hasta que sus ojos no pudieron leer más, pidiendo un descanso, apagó la luz y quedó dormida sintiendo el hocico de su perro pegado al cuello.

A la próxima mañana, Jacqueline despertó dando palmazos al escandaloso despertador en la mesita de noche. Eran las siete menos cuarto, y su celular también comenzaba a timbrar. Contestó la llamada con los ojos cerrados. Era Ariana quien llamaba para decirle que esperaba en el vestíbulo, pues no podía subir hasta que Jacqueline autorizara su entrada.

Jacqueline fue a la cocina medio dormida, y llamó a la recepción desde el intercomunicador autorizando la entrada de su amiga. Preparó la cafetera y regresó a su cuarto y, tras darse un duchazo de cinco minutos, se vistió con ropa deportiva. Desde el interior del apartamento podía oír la voz de Ariana, que andaba por el pasillo haciendo chistes con el valet, que arrastraba el carrito con su equipaje y Jacqueline abrió la puerta. Ariana entró risueña y la abrazó.

—¡Buenos días! ¡Arriba sol y brilla! Ja, ja, ja. ¿Cómo amaneciste, querida? —preguntó Ariana.

Jacqueline disparó la vista a las cuatro maletas amontonadas en el carrito.

—Pero ¿qué has traído?, ¿un circo? —manifestó Jacqueline, con cierto asombro, viendo cómo el valet las sacaba una a una y las colocaba en el suelo. Parecía que pesaban una tonelada.

—¿Qué quieres decir con un circo? —preguntó Ariana. —Es una mudanza temporera, ¿por qué te extraña?

—¿Tienes más cosas? —dijo Jacqueline arrastrando una de las maletas hasta la habitación de Mark, que sería el aposento de su amiga por el momento.

—En casa. Pero no te preocupes que no puedo pasar por allí ni a buscarme un par de bragas. Ya sabes que Carlos me puso una orden de alejamiento.

Jacqueline asintió con esa sonrisa que Ariana, con sus cosas, siempre le sacaba, y entró a la cocina.

—¿Quieres café? —preguntó Jacqueline y se sirvió una taza.

—Claro que sí —contestó Ariana, que iba dando una propina al maletero.

—Gracias, señora, buen día —dijo el chico y se fue.

Ariana se sentó en el comedor, frente a Jacqueline y ambas desayunaron tostadas, bañadas en queso crema y café, mientras conversaban de sus respectivos casos en corte.

Ni Jacqueline ni Ariana habían pisado suelo en una reunión de Alcohólicos Anónimos anteriormente, eso de ser enviadas obligatoriamente por un juez, les resultaba indignante. Sin embargo, comenzaron a buscar localidades de centros donde se dieran las reuniones en la ciudad. Se enfrascaron leyendo los panfletos y hojeando los distintos calendarios.

—Ari, hay reuniones de Alcohólicos Anónimos cerca de la Catedral de San Patricio —dijo Jacqueline —queda a pocas cuadras de aquí. ¡Podemos ir caminando!

—¿Estás loca? —prorrumpió Ariana.

—¿Por qué? Creo que sería buena opción —le contestó Jacqueline, recogiendo la mesa.

—Ya te lo advertí anoche. Sabes que no puedo darme el lujo de que me reconozcan por ahí como "la amiga de las reuniones de alcohólicos que te puede vender una casa". ¡Eso me desprestigiaría!

—¿Pero no se supone que seremos anónimas?

—¡Por Dios, Jacky! Tú quizás... Pero yo? Con mi belleza exótica y tremenda personalidad, creo que no lograría mantenerme anónima por mucho tiempo...

—¿Y a dónde vamos? —preguntó Jacqueline ojeando nuevamente el panfleto.

—Déjame ver eso —pidió Ariana y se lo quitó de las manos.

Ariana lo leía atenta, buscando algún centro retirado del pomposo vecindario de la quinta avenida. Entonces, circuló una reunión que se daba en las mañanas con la dirección que leía 459 W 149 Street, entre las avenidas de Amsterdam y Convent.

—Aquí Jacky, iremos a ésta —propuso Ariana convencida.

Jacqueline le dio un vistazo, sin importarle objetar.

—¿No crees que queda muy lejos?

—Bueno, queda lo suficientemente lejos como para no encontrarme con uno de tus vecinos —comentó Ariana.

—¿A qué hora es la reunión? —preguntó Jacqueline.

Ariana ojeó los horarios y se levantó animada.

—¡Vamos ahora! —son las siete y cuarto, tienen reunión a las ocho de la mañana de lunes a sábado. ¡Es genial! Así salimos de ese martirio temprano en la mañana.

—¿No crees que llegaremos tarde? —voceaba Jacqueline desde el pasillo, corriendo a su cuarto.

—¡Date prisa! ¡Vente así vestida, luego te cambias! —gritó Ariana desde la habitación de Mark, su nueva alcoba.

En menos de diez minutos Ariana y Jacqueline salieron del edificio. Jacqueline se había puesto su abrigo de visón, que Donna le recogió de la tintorería el día anterior y Ariana se tapó hasta la boca con una bufanda, y media cara escondida tras unas enormes gafas de sol. Llevaba encima un abrigo de esquiar, con capucha, que le daba un parecido a detective novato encubierto.

El tráfico mañanero estaba cargado y ambas coincidieron que sería mejor tomar el tren. Al cabo de media hora habían llegado a su parada, y Jacqueline seguía a Ariana como una niña perdida. Ariana salía casi corriendo del tren mirando a ambos lados con la intensa paranoia de ser reconocida.

Salieron de la estación a la calle y, en eso, Ariana sacó del bolsillo el papelito con la dirección exacta del lugar. Entonces vieron el sitio. Quedaba en la esquina de la acera donde se encontraban, siendo el lugar la Iglesia Metodista de San Marco, y entraron allí.

—Si mi abuela levantara la cabeza, viéndome entrar a una iglesia metodista me desheredaría por dos vidas seguidas —afirmó Ariana caminando por el centro de la iglesia hasta el frente de una tarima no muy alta. Aunque no practicaba la religión ni en días memorables, sí vivía orgullosa de sus raíces griegas ortodoxas.

—¡No digas tonterías, Ari! —dijo Jacqueline.

Ariana caminó hasta el banquillo en primera fila y se sentó. Jacqueline se sentó junto a ella. El lugar estaba vacío y no había señales de vida, sólo velas e incienso. Ellas dos eran las únicas en el lugar.

—¡Qué extraño! —profirió Jacqueline. –Parece que en esta área de la ciudad no hay muchos alcohólicos —comentó paseando la vista alrededor.

—¿Verdad? —cuestionó Ariana mirando a ambos lados.

Sin saber qué hacer, Ariana se arrodilló frente al banquillo juntando las manos en oración y Jacqueline la siguió colocándose de rodillas.

—Qué estamos haciendo?—dijo Jacqueline despistada.

—Pidiendo perdón por ser alcohólicas, me imagino...—dijo Ariana sintiéndose igual de perdida que su amiga.

—¿Quién se supone que nos firme el papel de asistencia? —inquirió Jacqueline.

—Creo que el cura.

—¡Los metodistas no tienen curas! —recalcó Jacqueline en voz baja.

—Pues yo que sé... El gurú metodista religioso o como se llame el jefe de la capilla—le susurró Ariana.

Jacqueline y Ariana se mantenían de rodillas con la cabeza agachada hasta que, al par de minutos, advirtieron la presencia de un señor engalanado que iba hacia la parte posterior de la tarima. Entonces Ariana se levantó.

—¡Disculpe, señor! —llamó Ariana en voz alta.

El hombre las saludó con una serena sonrisa, y se les acercó.

—¿En qué puedo servirles? —susurró el hombre de voz agradable.

—¿Es que acaso tienen un mínimo de personas para empezar la reunión, o qué? — preguntó Ariana.

—No tenemos servicio hasta el mediodía —respondió el hombre.

Jacqueline se levantó avanzando frente a él.

—Imposible, nos dieron un panfleto que dice claramente que hay reunión hoy, a las ocho de la mañana —dijo alzando la voz. –¿Quién se supone que valide con una firma nuestra asistencia?

—Señora, no sé qué tipo de servicio a las ocho de la mañana se refiere. ¿Segura que está en la iglesia correcta?

—¡Sí! —respondió Ariana convencida. –A ver, mire usted, dígame —entonces Ariana sacó el papelito del bolsillo, y se lo enseñó.

—Oh, ustedes vienen a la reunión de Alcohólicos Anónimos — repuso el hombre en tono compasivo.

Ariana asintió moviendo la cabeza.

—Sí, pero no vengo porque lo necesite, porque yo no soy alcohólica —dijo Ariana. — Pero, de todas formas, ¿no es aquí?

—Sí, pero no es aquí mismo. Espere —reconoció el hombre, que se disponía a preguntar en la oficina administrativa, que quedaba justamente al lado y, en eso, vio a alguien que entraba por la puerta principal de la iglesia y se dirigía hacia un pasillo.

—¡Con permiso, señora! —llamó el hombre y la joven se les acercó.

—¡Hola! ¿Sí?

— Estas damas vienen a la reunión de Alcohólicos Anónimos, ¿de casualidad sabría usted en qué cuarto es?

—¡Sí, claro, yo voy allí! —respondió la mujer de formas toscas y cuerpo debilucho.

—Me llamo Josefina, yo soy miembro hace tres años, ¡bienvenidas! —saludó en tono animado y les extendió la mano. Su cálido saludo y energía desarmó a las mujeres que transformaron sus caras largas con una afable sonrisa.

—Yo soy Ariana, ella es Jacqueline —se presentó Ariana, y le dio la mano. Jacqueline también la saludó de la misma forma. Ariana, por su parte, agarraba el bolso que minutos antes había colocado sobre el banquillo.

—Mucho gusto —volvió a decir Jacqueline.

Ariana y Jacqueline la siguieron por un pasillo hasta que llegaron frente a una puerta que tenía pegada en el centro la letra B, en molde, y Josefina se llevó los dedos a los labios para pedirles silencio, y entraron al cuartito. La reunión recién comenzaba y las amigas entraban como si entraran juntas a un sótano embrujado. Los miembros de la reunión también las observaban atentos mientras ellas seguían a Josefina como dos chiquillas en su primer día de clase. Se sentaron y escucharon al guía de la reunión. El hombre, sentado tras una mesa, daba la espalda a la pared leyendo con toda su calma los doce pasos del programa, seguidos por las doce tradiciones. Ariana y Jacqueline le escuchaban, como quien escucha la misa en latín, y no lograban comprender cómo unas simples frases prometerían alentar a sus auditores a llevar ese programa de abstinencia, con el fin de llevar una vida más o menos normal.

El hombre concluyó la breve lectura y los allí presentes hablaron tras presentarse uno a uno, compartiendo sus experiencias devastadoras con el vicio del alcohol y sus sentimientos al respecto.

Ariana se mantenía atenta. Escuchaba las anécdotas y no lograba comprender cómo escuchar lamentos en una reunión podría auxiliarlos de un arranque compulsivo de alcoholismo. Sin embargo, Jacqueline escuchaba las historias impresionada y su perspectiva sobre esos grupos se iba transformando. Sintió gran compasión hacia ellos. Esa mañana, cualquier tipo de prejuicio sobre el grupo que Jacqueline hubiese tenido, se disipó.

Poco antes de concluir la reunión, los miembros se pasaron una canasta de mano en mano, echando el dinero que cada quien podía, como hacen en las iglesias, con el propósito de levantar fondos, para tener los recursos necesarios para mantener el programa. Concluyeron la reunión de pie, haciendo un círculo y tomándose de las manos recitaron la oración de sobriedad. Entre todos recogieron las sillas y las esquinaron, plegadas, contra la pared.

Antes de asistir a esa reunión, ni Ariana o Jacqueline sabían qué iba a ser aquello, aunque sí pensaban que sería una hora pesada, observando rostros deprimentes. Nada más lejos de la realidad. Los miembros del grupo se saludaban entre ellos de manera amigable. Era un grupo pequeño, y de los quince en total, Ariana, Josefina y Jacqueline eran las únicas mujeres.

Los miembros del grupo, varios de ellos en traje de chaqueta y otros menos engalanados, las saludaron y les dieron la bienvenida a la reunión. Josefina les contó que ella cumplía ya tres años de sobriedad y, sin dar mucho detalle, también les dijo cómo su sobriedad la había transformado. Poco después Josefina les presentó al guía de la reunión de ese día, y él les comentó que había cumplido treinta y dos años de sobriedad. Ariana no podía imaginarse pasar un fin de semana sin un trago, si bien no por necesidad, sino por costumbre. Para Ariana, el optimismo de Josefina le resultaba exagerado, pero a Jacqueline le resultaba encantadora.

—¿Qué les pareció la reunión? —inquirió Josefina

—No lo sé —respondió Ariana —Yo estoy aquí por orden de la corte —dijo.

—Yo también —recalcó Jacqueline, y sacó de la cartera el documento que debía llevar firmado a su oficial asignado en corte, con fecha y hora de asistencia, de cada una de sus reuniones.

—Se supone que alguien nos firme este papel. ¿A quién se lo damos? —preguntó Ariana, después de sacar el suyo de la cartera.

Josefina lo leyó.

—Tiene que firmarlo la persona que esté a cargo de la reunión —respondió Josefina con ambos papeles. –¿Piensan venir a este centro por las mañanas?

—Sí —afirmó Ariana. —No estoy como para corretear por reuniones de alcohólicos, haciendo turismo interno entre un centro y otro.

—Vengan, amigas —reclamó Josefina.

Jacqueline y Ariana permanecieron en silencio, mientras Josefina hablaba con el guía de la reunión. Era de barba larga, cachetes rosados, y más bajito que ellas. El hombre hablaba con Josefina, después de organizar el inventario de libros en una caja. Iba sacándolos, pareándolos con panfletos y literatura del programa.

—¿Así que vienen por orden de un juez? —repuso el hombre.

Jacqueline se encogió de hombros y Ariana se le acercó.

—Pero bueno, es que pasé un momento difícil, y pues nada, el juez quiere que comience este programa. Pero sólo por noventa días, porque yo no soy alcohólica...Prefiero un café que un toque de tequila en la mañana—dijo Ariana y al escucharla el hombre se echó a reír.

—Esa es una decisión muy personal —dijo él. –Yo llevo treinta y dos años asistiendo a estas reuniones y, sólo le puedo decir que nadie llega aquí por equivocación.

—¡No! — soltó Ariana. –No estoy aquí por equivocación, estoy aquí por orden del juez.

El hombre le sonrió en complicidad.

—Bienvenida entonces. Espero lo encuentre interesante —manifestó él y firmó la hoja de asistencia y les sugirió comprar algunos libros que, según el programa, las ayudaría a comprender más a fondo el objetivo del mismo, si lo leían en el proceso. Ariana estaba reacia, y le dijo que más adelante se animaría, pero Jacqueline compró dos de ellos. Le comentó que por el momento vivían juntas y los compartirían.

Josefina les contó que trabajaba todo el día cuidando la frágil salud de un anciano y en las noches asistía a un colegio de Nueva York, de donde pronto se graduaría, y lograría su certificación como asistente médico. Desde que Josefina se comprometió a la sobriedad no contaba con amigas, y para lo que le habían servido, ella lo prefería así. Ahora quería ser de gran apoyo para Ariana y Jacqueline, queriendo a la vez conocerlas mejor. Aceleró el paso hasta la acera plantándose en medio de Ariana y Jacqueline.

—Entro a trabajar en una hora, ¿quieren tomarse un café conmigo? —dijo Josefina en tono casual.

—No sé —contestó Ariana, como prejuiciada, pero Jacqueline la animó.

—¡Claro que sí! Vamos, Ari. No tenemos nada que hacer.

—Está bien—dijo Ariana y se animó.

Las tres mujeres andaban frente por frente a la iglesia, y Josefina, que conocía bien el área, las llevó a un pequeño restaurante de la esquina. Jacqueline pidió un té verde y Josefina café negro, y Ariana prefirió una botella de agua.

Josefina les habló de su transición del alcoholismo a la sobriedad. También les dijo, por su acento, que era originalmente de República Dominicana, pero que llevaba quince años viviendo en Nueva York. Jacqueline se abrió con ella, a quien le expresó su admiración. Era honesta y al conocer un poco de su vida, le comentó que le parecía ejemplar ver cómo los inmigrantes llegaban a Estados Unidos, y se hacían de una nueva vida sin apenas hablar el idioma.

Conversaron sobre su situación con el alcohol, y aunque Jacqueline no quiso compartir demasiado, a sabiendas que en eso no tenía nada en común con ellas, Ariana sí le contó a Josefina detalles de lo sucedido: la noche que chocó el coche de Randy contra la puerta de la casa. Aunque inicialmente se echaron a reír, Josefina la advirtió sobre el peligro que trae el alcoholismo y le dio una breve introducción de qué era exactamente ese mal que muchos consideraban una enfermedad.

—A veces yo hacía cosas que después ni recordaba —contó Josefina. —En mi última borrachera le caí a golpes con un bate al estéreo de mi esposo.

—¿Por qué? —se intrigó Jacqueline.

—No sé. Creo que tenía tanta rabia cada vez que llegaba de la calle viendo a mi esposo, bailando en el medio de la sala, que un día perdí la tabla y se me fue la cabeza.

—¿Y cómo sabes que fuiste tú y no tu esposo? ¿No que no recuerdas lo que hacías? A lo mejor él te culpa y no has hecho nada... ¿O no?— preguntaba Ariana.

—¡No! —Contestó rápidamente Josefina, escandalizada —¡Ese estéreo le costó dos mil dólares! Créeme que nadie lo podía reventar, sin que Johnson lo matara a patadas.

—¿Y desde esa no has vuelto a tomar un trago? —preguntó Jacqueline

—No. Esa vez fue el estéreo, pero pudo ser su cabeza. Lo último que quiero es caer presa por caerle a golpes a ese desgraciado —concluyó Josefina y tomó un sorbito del café.

—Al parecer no te llevas muy bien con él, ¿no?—inquirió Ariana curiosa.

—No lo soporto. Cada día nos soportamos menos —confesó Josefina.

Jacqueline pagó la cuenta y caminaron juntas saliendo del lugar.

—Y si no lo soportas, ¿por qué no lo dejas? —preguntó Ariana.

—En el programa de Alcohólicos Anónimos nos enseñan a no tomar decisiones drásticas el primer año de sobriedad.

—Se jodió mi primer año —dijo Ariana —porque a Carlos lo estoy sacando como basura vieja a la calle, con o sin programa.

—Pero tu caso es diferente, Ari —repuso Jacqueline.

—¡No es diferente, Jacky! Lo único que pasa es que este programa no es para mí.—auguró Ariana, en tono resuelto.

—Todo depende de tu situación. Yo llevo tres años de sobriedad y me siento preparada, pero primero tengo que pasar los exámenes del curso.

—¿Qué exámenes? —inquirió Jacqueline

—Estoy terminando un curso de asistente médico. Ya pronto lo termino.

—Vaya, buen negocio querida —comentó Ariana. —La gente nunca deja de enfermarse.

—Sí —dijo Josefina —Ahora voy a mi trabajo. Cuido a un viejo desde las diez de la mañana hasta las cinco de la tarde y luego voy a clases.

—Pues siga su camino, tienes un día productivo.—le dijo Ariana en tono más afable que cuando se conocieron horas atrás.

—Espero verlas mañana, vienen a la reunión, ¿verdad? —preguntó Josefina ilusionada.

—Claro que sí —le contestó Jacqueline. —Gracias por tan agradable bienvenida.

—De nada. Tienen mi número de teléfono si me necesitan. Y recuerden, no tomar alcohol por veinticuatro horas. Este programa es un día a la vez.

—Un día a la vez —se extrañó Ariana. — llevo par de días sin una copa y ya siento que estos días parecen meses, pero si tú lo dices…

Se despidieron mientras Jacqueline alzaba la mano, buscando un taxi. Una vez dentro del vehículo Jacqueline, pidió que las llevara al supermercado cerca de su edificio. Tras llegar, las amigas pasaron un rato agradable haciendo una compra y poco después llegaron al apartamento de Jacqueline. Ariana insistía en dejar sus ropajes metidos en maletas, pero Jacqueline se metió en la habitación obligándola a enganchar sus cosas dentro del armario que estaba ahora medio vacío tras la sacudida de Randy.

—Los chicos no van a llegar por un buen rato —repuso Jacqueline. —Así que no te preocupes. Vaciaré lo poco que queda en el armario de Mark y así acomodas tus cosas. No quiero que te sientas como una nómada.

—Bueno, si insistes… —reconoció Ariana.

Al rato, Donna les echó una mano vaciando un par de gavetas que Ariana ocupó guardando en ellas su ropa interior. Donna tenía buena mano para organizar armarios y cajones. Su concepto de limpieza era único. Siempre mantenía el hogar perfumado con aceites y velas con olor a canela.

—¡Qué maravilla, Jacky! —exclamó Ariana. Así da gusto entrar a la casa.

—Sí, extraño a los chicos, pero estoy comenzando a sentir alivio con la ausencia de Phil —le admitió Jacqueline caminando a su habitación, donde se encontraba Donna haciendo la cama tras cambiar las sábanas.

—Buenos días, señora —dijo Donna.

—Buenos días, Donna.

—Estoy preparando un arroz con mariscos y crema de calabaza. Déjenme saber cuándo les gustaría almorzar.

—Ahora mismo tengo el estómago en un nudo, pero no te preocupes, que nosotras nos servimos en un rato —dijo Jacqueline.

—Me parece bien que Ariana se quede unos días con usted, así no se sentirá tan sola —repuso Donna en complicidad. Jacqueline le sonrió.

—Así será, Donna. Al menos eso espero—concluyó Jacqueline y se metió a la ducha.

Al rato se acostó, tomando una siesta y no fue hasta que pasó una hora que supo de Ariana, cuando ésta le tocó la puerta. Jacqueline le dio paso a su habitación viéndola entrar con una cajita roja con un candado color dorado.

—Mira esto —señalaba Ariana con un tono de misterio.

Ambas se sentaron en la cama de Jacqueline, y Ariana abría la cajita de plástico roja, como si destapara un cofre de grandes secretos.

—¿Qué es eso?–le preguntó Jacqueline mirando el interior de la caja con ojos grandes.

—Es muy personal.

—¿Qué es eso?

—Ahora que vas a ser una mujer soltera, tienes que ponerte al día, Jacky —especificó Ariana.

Al instante, Sacudió el pañuelo que cubría el contenido y Jacqueline se inclinó ojeando con aspecto inquisitivo. Entonces, abrió los ojos, sorprendida. Jacqueline advirtió, sin duda alguna, que Ariana era una caja de pandora o de sorpresas en todo el sentido de la palabra.

Capítulo 7

Ariana se echó a reír al ver a Jacqueline escandalizada de tan solo mirar la caja llena de juguetes eróticos. Por un momento creyó que su amiga recién salía de un convento.

Jacqueline observaba a su amiga viéndola sacar de la caja roja un saquito de seda color violeta. Entonces Ariana lo sacudió boca abajo dejando caer su contenido sobre el colchón. Era un vibrador con textura gelatinosa.

—Este es mi nuevo amigo Joe —dijo Ariana.

—Ariana, no me tienes que enseñar tus juguetes personales. Sabes que a mí estas cosas no me gustan.

—Es lo más normal. Toda mujer debería tener uno. Mira —dijo Ariana sacando de la caja un vibrador empaquetado. Este es para ti.

—¿Cómo crees? —dijo Jacqueline sonrojada— Yo no juego con estas cosas. No estoy desesperada.

—Está bien —aceptó Ariana —te lo voy a dar de todas formas. Guárdalo bien y si te da un día de estos por probarlo, no me lo tienes que decir. Pero créeme, funcionan de maravilla.

—Me sentiría medio extraña usando eso. ¿Tú no?

—¡Para nada! —dijo Ariana entusiasmada. —Creo que esto es lo mejor que se ha inventado. Puedes darte el gusto de tener un orgasmo a tu manera sin necesidad de enredarte en amores con nadie. Los hombres son tan complicados...

—Yo prefiero un hombre aunque sean complicados, encuentro estos juguetes medio animalesco, ¿no crees?

—Por favor, Jacqueline, no digas disparates. No te digo que un compañero de cama no venga bien, pero en lo que llega, puedes experimentar. Sólo es una sugerencia.

Jacqueline agarró el vibrador empaquetado ojeándolo detalladamente.

—¡Por Dios, Ari! ¿Me das esta cosa color verde? ¿Encima, verde?

—¡Es fosforescente! El tuyo se llama HULK —dijo Ariana animada.

—¿Por qué HULK?

—Lo compré en Las Vegas, hace más o menos dos meses. Quería experimentar junto a Carlos con algo diferente, pero por razones que sabemos, nunca se logró dar la ocasión —se lamentó Ariana.

—Este es un poco más grande que el tuyo, ¿no? ¿No duele?

—No. Creo que si lo tratas con cuidado te va a gustar. En el último año como no tuve nada de nada con Carlos, estos aparatos han salvado mi salud mental! —exclamó Ariana guardando su vibrador de vuelta en el saquito.

—¿Y qué son esas cosas? —curioseó Jacqueline viendo potes de diferentes colores.

—Estos son geles, que estimulan la circulación en los genitales.

—No... ¿En serio?

—Sí. Una vez las pruebas te van a encantar —la orientó Ariana, fascinada.

— Y ¿qué es esto? —volvió a curiosear Jacqueline sacando una cajita todavía cubierta por el plástico de factoría.

—Esto no es para ti, por ahora — dijo Ariana quitándoselo de las manos.

—Pero, ¿qué es? —insistió Jacqueline.

—Es un anillo para el pene. Todavía no sé cómo se usa, pero tan pronto lo use te dejaré saber.

—¿Un anillo?

—Sí, se supone que ayude a estimular la circulación y así la erección dure más tiempo. Eso es lo que me dijo la chica del "shop", cuando le comenté que mi esposo duraba menos y apenas se excitaba conmigo en los últimos años...

—Oh... —susurró Jacqueline, ojeando la cajita inquisitivamente.

Ariana metió las cosas en su maletín rojo nuevamente. —Claro, ahora entiendo por qué Carlos tenía problemas —dijo Ariana —Los hubiera seguido teniendo conmigo, con anillo y sin anillo.

—¿Y no crees que a lo mejor es bisexual y no completamente homosexual? —Supuso Jacqueline.

—No sé. Pero no me voy a quedar con él para averiguarlo —afirmó Ariana.

Poco después del taller educativo, Jeff llamó a Jacqueline y le dio cita para verla la próxima semana pues tuvo noticias de Phil y su abogado, y ambos estaban sorprendidos con la manera en que había reaccionado Jacqueline ante las alegaciones de Phil. Ahora Phil reconocía que, teniendo Jacqueline a Jeff como abogado, el caso de divorcio se le complicaría.

Jacqueline le agradeció las buenas noticias y, aunque aún temía extraviarse en un torbellino de temores ante la idea de encarar un futuro incierto, le alegró saber que el caso se iba tornando a su favor.

Por su parte, Ariana se encerró en la habitación haciendo varias llamadas y entre ellas logró comunicarse finalmente con su amigo el banquero. Acordaron en reunirse una vez él volviera de su viaje a Indonesia, donde estaría cerrando negocios de diversos proyectos inmobiliarios.

Aliviada, Ariana se lo contó a Jacqueline y Jacqueline le mencionó que hablaría con Jeff. Le pediría que la refiriera a alguna oficina de bienes raíces, donde pudiera trabajar en la ciudad al menos de asistente, por eso de no quedarse sin hacer nada hasta su reunión con su amigo el banquero. A Ariana le resultó tremenda idea, pues de paso, se familiarizaría un poco mejor con el mercado de la pomposa ciudad.

Al día siguiente, Jacqueline y Ariana fueron a su reunión de Alcohólicos Anónimos y Ariana comenzaba a disfrutar cada vez más las anécdotas del grupo.

Tras la reunión, Jacqueline invitó a desayunar a Josefina y conversaron un buen rato. Josefina les contó que el anciano que ella cuidaba había caído enfermo y se encontraba en la unidad de cuidados intensivos del hospital. Ahora ella no tendría mucho que hacer durante el día más que estudiar. Al menos, hasta que lo movieran de intensivo al piso de geriatría general, cuando se estabilizara un poco su salud.

—Me imagino que tu jefe te pagará el día, aunque esté el señor en el hospital, ¿no? —preguntó Ariana.

—Me van a pagar medio día solamente. La hija tiene su custodia y carga con todos los gastos del padre, la pobre cuenta hasta las rodajas de pan en la despensa. —dijo Josefina mascando la tostada embarrada de mantequilla.

—A veces los que más dinero tienen, son los que menos ayudan —sentenció Jacqueline tomando un sorbito de café.

—Por algo tienen dinero, ¡por agarrados! —comentó Ariana. Entonces se inclinó hacia ella.

—Oye, ¿y tu esposo qué, no te ayuda en esta situación? —le preguntó Ariana.

Josefina se encogió de hombros.

—No, y no me sorprende. Nunca me ha ayudado con dinero. Solo me pagaba el trago, cuando salía de fiestas con él. Pero ahora que dejé de beber ron, no me paga ni el jabón de lavar platos... Aunque es mejor así... No quiero deberle favores. Veo mi vida diferente ahora.

—¿Cómo diferente? —Jacqueline preguntó intrigada.

—Antes salíamos por ahí. A Johnson no le gusta la bebida, pero lo que no se bebe él me lo daba a mí. Ahora, como no salgo de rumba, se la pasa buscando mujeres. Le gusta la barra, bailar con locas en discotecas... Ya tú sabes, to' ese lío que a mí ya no me interesa.

—Suena que tu esposo se comporta más bien como un chico de Universidad—comparó Ariana.

Josefina asintió. Al rato les contó que su primer año de sobriedad lo dedicó al programa de Alcohólicos Anónimos. Tras pasar el primer año estuvo a punto de dejar a Johnson. Tener su mente clara le había abierto los ojos dándose cuenta que Johnson, su marido, no era tan digno de admirar. Ahora Josefina lo encontraba irresponsable. La sobriedad sin duda ayudó a Josefina quien comenzaba a tener una perspectiva de vida diferente despertando su ambición; y con la ayuda de un miembro de la iglesia había logrado conseguir una beca a través de un programa especial, para inmigrantes que le cubría los gastos del curso de asistente médico. El curso, que era de un año, a ella le estaba tomando casi dos, pues como ella laboraba durante el día tenía que ajustar su agenda, tomando las clases nocturnas que eran menos intensas y más esporádicas. Ahora Josefina estaba a tan solo semanas de graduarse con su certificación. Pronto podría tener un mejor empleo y costearse una vida sola, aunque según le comentaba a Ariana y Jacqueline, se sentía intimidada ante la idea de vivir sola.

—Nos dijiste el otro día que en Alcohólicos Anónimos no recomendaban hacer cambios drásticos durante el primer año...– dijo Ariana.

—Sí. Cualquier situación difícil puede llevar a una a coger una botella. Yo no estoy pa' volver a esa vaina de beber ron y despertarme acabada—advirtió Josefina.

—Pero ese es el primer año, ya llevas tres años sobria, ¿no?–Comentó Jacqueline y Josefina asintió.

—Sí —dijo Josefina.

—¿Y cuáles son tus planes? ¿Te quieres divorciar?

—Sí, me tengo que divorciar. No soporto ni el olor de Johnson ya, fíjate. ¡Ese hombre es un anticristo!

Jacqueline y Ariana se echaron a reír. Josefina las miraba seria.

— Oh, pero ¡es en serio!– dijo Josefina–¿Y tú crees que es fácil? Mira, cuando ese hombre llega a la casa por la madrugada, si llega, porque trabaja en una barra y a veces no llega...Me llega con esa maldita peste a cigarrillos que yo quiero vomitar... ¡Y hay veces que se pone necio, encendiendo la televisión a to' volumen, y una tiene que dormir! Ése no sabe lo que es trabajar... —se lamentó Josefina.

—¡Qué tortura! —lamentó Ariana.

—¡Oh! Pero, ¿y qué es fácil? Hay veces que le da por despertarme, tocando a una con esa peste, y me tengo que ir del cuarto a dormir al sofá. Eso sí que es vivir con un diablo.

—Quizás es hora de que le digas que te quieres divorciar. Cuanto antes lo hagas, mejor —le aconsejó Jacqueline.

—El problema es que tengo que terminar mi curso de asistente médico. Sólo me quedan un par de semanas...Como me complique presentándole el divorcio a ese anticristo, seguro que me hace la vida de cuadritos y no me dejará acaba' el curso...

—Si lo pones así, quizás te convenga aguantarte un rato. Un par de semanas no es tanto tiempo si ya lo aguantaste tantos años... —le explicó Jacqueline en complicidad.

—No creo —negó Ariana de manera resuelta, como tratando de imponer su criterio —Yo, en tu lugar, le digo que me quiero divorciar y así ves su reacción. Estoy segura de que, si te sientas con él y hablan como dos personas maduras, quizás cambie su actitud. Al menos no es homosexual como mi ex... Una mala actitud se puede cambiar.

—Tú no conoces a Johnson—dijo Josefina.

—Conozco a los hombres —insistía Ariana. —Cuando saben que te van a perder es cuando mejor se portan...

—¿Tú crees? —preguntó Jacqueline.

—Bueno, si no tienen a otra mujer lista para meterla en casa, sí. A veces se huelen cuando una los va a sacar del panorama, y comienzan a buscar reemplazo —dijo Ariana.

Josefina la miró pensativa, sin contestarle, reconociendo que quizás Ariana tenía razón. A fin de cuentas, algún día tendría que hablar con Johnson, y presintió que ese día se acercaba.

Jacqueline pagó la cuenta, y ambas se despidieron y, como se acercaba la hora de la clase de Yoga, Jacqueline convenció a Ariana que la acompañara. Ya habían llegado al apartamento.

—Pero ahora mismo no me puedo pagar ni una tarjeta de transporte público, Jacky— dijo Ariana. —Así que no te encapriches en meterme a las clases de Yoga, porque sabes mi respuesta.

—Vamos, Ari. Si quieres tratarlas te las regalo por una semana. Quizás encuentras algo positivo en esas clases. Todos los que practican el Yoga quedan enamorados de sus beneficios —dijo Jacqueline y Ariana accedió.

Jacqueline y Ariana llegaron al centro de yoga que quedaba a varias cuadras de distancia, y una vez allí, Jacqueline pagó su inscripción y la de Ariana y se compró un colchón de yoga y alquiló uno para Ariana.

—Toma —dijo Jacqueline dándole el colchón de yoga a su amiga.
—Si te encaprichas con las clases, te compro uno. A ver si aguantas la clase...

—No creo que me vaya bien en estos rollos —replicó Ariana.
—No sabes eso ahora — dijo Jacqueline, pagando la cuenta frente al mostrador.

Ariana se inclinó hacia la chica como si fuera a compartir un secreto.
—Con permiso, ¿en qué me podría beneficiar el yoga, aparte de enseñarme a respirar mejor y estirarme un poco la paciencia? —preguntó Ariana.

La joven sonrió.
—Es lo mejor que puedes hacer por tu cuerpo—le contestó la chica—después de una buena alimentación. Sígame, quiero que vea a un par de alumnas en esta clase —dijo la chica y Jacqueline, junto a Ariana, la siguió.

Se asomaron por la ventanilla de la puerta mientras la chica señalaba a un par de ancianas que doblaban sus piernas como si fueran de goma. Ariana miraba con ojos grandes y la boca media abierta.

—Esas mujeres, ¿cuántos años tienen? —le susurró Ariana al oído.
—Esas son Kathy y Pat. Están en sus sesenta largos. A veces me junto con ellas a comer pizza. Son muy divertidas —añadió la joven.

—Pero, ¿cómo se logran doblar así? —dijo Ariana fascinada.
—¡Yoga! Hasta la vida íntima es mucho más interesante —comentó la chica despertando el interés de Ariana.

—¿Escuchas eso, Jacqueline? —dijo Ariana sorprendida. —Eso sí que me puede interesar —apreció en voz baja.

—Definitivamente, es mucho más divertido pasar una noche romántica después de los sesenta sin dolores de espalda. Ja, ja, ja —

amazon.com

Your order of September 10, 2018 (Order ID 112-0342657-9946608)

Qty.	Item	Item Price	Total
1	**Cronicas de una divorciada (Spanish Edition)** Sinquemani, Pilar --- Paperback 1947687034 9781947687035	$13.99	$13.99

	Subtotal	$13.9
	Order Total	$13.9
	Paid via credit/debit	$13.9

This shipment completes your order.

Return or replace your item
Visit Amazon.com/returns

90/DiTt2JnpB/ 1 of 1 -//CVG9/std-us-non48/1352 1343/0914 23:00/0913-07:42

SDiTt2JnpB

JM2

expuso la joven dirigiéndolas al salón contiguo donde tomarían su clase, que era para principiantes.

—Esta clase es la de ustedes, espero que la disfruten —anunció la chica.

—¿Cuándo empezamos? —preguntó Ariana a Jacqueline.

—Yo la voy a tomar ahora pero si tú quieres puedes empezar mañana.—dijo Jacqueline.

—¡Trato hecho! —dijo Ariana convencida.

Jacqueline tomó la clase de yoga con menos dificultad de lo previsto mientras Ariana la esperaba fuera de la clase sentada en un banquillo mandando correos electrónicos desde su teléfono para no aburrirse.

Caía la noche y Ariana acompañaba a Jacqueline en la sala del apartamento, estaban viendo un programa de televisión. En eso, Ariana recibió un texto de William quien la saludaba casual y le sugirió verla la semana entrante, pues llegaría de su viaje a Wisconsin. Quería invitarla a cenar.

—Parece que no nos fue del todo mal esa noche en el Saint Regis —le comentó Ariana a Jacqueline.

—¿Te ha escrito, William?

Ariana le dio su móvil y Jacqueline leyó el texto.

—No te avances demasiado Ari. Pásala bien, pero ten cuidado que estás muy vulnerable... Dicen que conviene esperar por lo menos un año antes de envolverse en una relación tras un divorcio.

—¡A mí qué me importa! No me pasará nada grave por llevármelo a jugar de vez en cuando.

—Te podrías estar metiendo en camisas de once varas, Ari...No sabemos nada de Will... Sólo sabemos que está vivo porque respira... Fuera de eso, puede ser un sicópata...

—Sabemos que tiene dinero para pagarme una suite en el Saint Regis, que le gusto y que quiere cenar conmigo la semana que viene. Para mí, eso es suficiente. No me interesa hacer evaluaciones de su inventario emocional... No soy psiquiatra... —concluyó Ariana despreocupada.

—Si tú lo dices... —aceptó Jacqueline. —A veces es importante prevenir, especialmente ahora, que estás enfrentando tantos cambios a la vez... Hay que cuidarse y planear bien el futuro... —le sermoneaba Jacqueline.

—¿Qué futuro? Yo sólo veo desde ahora hasta el fin de semana —reconoció Ariana quitándole el móvil de las manos. Entonces Ariana quedó en verse con William el jueves de la semana entrante y después llamó a su abogado. Éste le dijo que Carlos ya había solicitado el divorcio y le facilitaría el papeleo los próximos días.

Pasaron varios días sin grandes cambios, y tanto Jacqueline como Ariana disfrutaban cada vez más la compañía de Josefina. Las reuniones matutinas también les resultaban interesantes. A Jacqueline la iban educando sobre esa enfermedad enigmática del alcoholismo, la cual ella no conocía ni tenía interés en padecer. De las dos amigas, era Jacqueline quien llegaba a las reuniones sin prejuicios, ya que Ariana se esforzaba en convencerse que tenía poco en común con esas personas y contaba los minutos para salir de allí.

Ariana escuchaba las historias y tragedias que los miembros achacaban al abuso del alcohol y comenzaba, muy a pesar suyo, a tener dudas respecto a su propia sobriedad. Recordó cómo en ocasiones se había quedado dormida con la copa en la mano y la cabeza sobre las teclas de su computadora. Sin quererlo, Ariana recapacitaba, consciente de que no había sido sincera con ella misma, y su realidad, respecto a su propio alcoholismo, era aterrante.

Por otra parte, a Jacqueline el yoga le iba de maravillas y hasta las agujetas que le causaba el ejercicio las sentía placenteras y cada día se entregaba más a ese ritual de estiramiento y concentración que ella encontraba calmante.

Como ya era costumbre todas las mañanas, después de la reunión, Jacqueline invitó a Ariana y a Josefina a tomar café. Compartieron un rato ameno conversando en la terraza de la cafetería. Josefina les comentó que el señor que ella cuidaba todavía estaba en el hospital y ni la familia de él tenía esperanzas que saliera vivo de la cama. Josefina también les comentó que había comenzado a buscar un nuevo empleo y estaba entusiasmada. Sólo le quedaba una semana para completar su curso de asistente médico.

También les contó que su esposo Johnson era cada día más grosero y su situación en casa se había tornado insoportablemente humillante. Tras escuchar su gran pesar, Ariana la exhortó que le exigiera un cambio y lo amenazara con el divorcio si él no accedía. Le aseguraba que, en la mayoría de los casos, los hombres tendían a ajustar su comportamiento bajo la amenaza de una separación.

Josefina asintió y le dijo que seguiría su consejo. Tan pronto llegara a casa esa noche se sentaría con Johnson y pondría los puntos sobre la mesa. Esperaba, al igual que Ariana, que tras la amenaza de una separación, el cambio en Johnson fuera para bien.

Jacqueline y Ariana terminaron el desayuno y se despidieron de Josefina. Las tres siguieron diferentes rumbos esa mañana. Ariana se fue al lujoso apartamento de Jacqueline, mientras Jacqueline iba a ver a Jeff, su abogado, quien la esperaba en su oficina.

Cuando entró en la oficina de Jeff, le extrañó verlo sentado y con un rostro demacrado.

—¡Por Dios, Jeff! ¿Estás bien? —dijo Jacqueline tomando asiento frente a él.

—Sí, no te preocupes por mí. ¿Qué tal estás? ¿Cómo te sientes? —dijo Jeff inclinándose hacia ella besando sutilmente su mejilla.

—Bien, pero quiero ver a mis hijos. No dejo de pensar en la clase de basura que Phil les debe estar metiendo en la cabeza.

—No te preocupes— le dijo Jeff. —Precisamente esta mañana hablé con el abogado de Phil sobre ese tema. Phil podría perder la custodia si probamos que está provocando el síndrome de alienación parental contra su madre y eso se considera abuso de menores. Les mandé una carta al respecto para cubrir bases, más que nada...– dijo él.

—Jeff, no se me hubiera ocurrido eso, ¡piensas en todo! —reconoció Jacqueline aliviada.

—Es mi trabajo, Jacqueline —contestó él. –Me dijo el oficial de probatoria que estás acudiendo a tus reuniones religiosamente.

Jacqueline asintió con una sonrisa.

—Muy bien —señaló él. —La orden de protección se cae la semana que viene y podrás ver a los chicos.

—¡Mis hijos! —exclamó Jacqueline con los ojos cristalizados. —¿Has hablado tú con ellos? —le preguntó entusiasmada.

—Sólo con Phil Jr. Es un joven muy maduro para su edad y si hay algo de lo que estoy seguro es que las acciones de Phil sólo han servido para despertar en tus hijos animadversión contra él.

—No lo podré perdonar jamás —aseguró Jacqueline. —El trauma que les debe haber causado. Es un ser despreciable —afirmó ella secándose las lágrimas.

—Por otra parte, creo que vamos a poder llegar a un acuerdo.

—¿De qué?

—La separación de bienes puede convertirse en un proceso largo y tedioso.

—¿Qué quieres decir? —preguntó Jacqueline impulsándose adelante desde el asiento.

—El viernes nos reuniremos con el abogado de Phil y con Phil.

—Pero tiene una orden de alejamiento en mi contra —reclamó Jacqueline con la voz temblorosa.

—Sí, pero la orden se cae el jueves a las cuatro de la tarde. Nos reuniremos el viernes —anunció él. —Mientras tanto, quiero que te sientas tranquila en casa. Quiero que me hagas una lista de lo que quieres, en cuanto a los bienes. Le daré un vistazo y prepararemos la propuesta antes de reunirnos con ellos. ¿Qué te parece?

—Bien—dijo Jacqueline sintiendo repelillos ante la expectativa de firmar ese papel, que una vez tuviera la correspondiente estampa plasmada, la describiría como mujer divorciada. Tendría que prepararse para esa nueva vida en un mundo desconocido que la aterraba.

—No se supone que una esté sola la segunda mitad de su vida—dijo Jacqueline en tono de disculpa con la mirada en el suelo. Como buen abogado, Jeff percibió el mar de inseguridades que la abatía.

—Jacqueline —dijo Jeff. —Te prometo que esto va a acabar pronto y vas a estar mucho mejor. Te lo prometo —concluyó él, levantándose de la silla.

Jacqueline lo abrazó y se echó a llorar.

Hasta ese momento Jacqueline vivió la experiencia de la separación como algo pasajero. Ahora la cortina de humo se disipaba y veía su realidad mucho más clara. Sabía que tenía que empujarse a tomar medidas y decisiones por sí misma y la idea la aterraba.

—Escribiré la lista de bienes... Creo que lo podré hacer durante el fin de semana. ¿Te la puedo traer el lunes? ¿O prefieres que te la mande por correo electrónico?

—Lo que te sea conveniente. Si me la mandas por correo electrónico, tan pronto la hagas mejor. Una vez la vea, te llamaré si tengo alguna duda —aclaró él.

Esa tarde, cuando Jacqueline llegó a su casa, encontró a Ariana tirada en el sofá.

—¿Qué tal con tu abogado? —indagó Ariana.

—Bien.

—¡Cuánto me alegro!

— Yo también— dijo Jacqueline, camino a su habitación, y Ariana la siguió—Presiento que ya mismo termina esta pesadilla.

— Verás que estarás mejor sin Phil... Hablé con mi abogado— dijo Ariana—¿Sabes que ha dicho Carlos?

—¿Hablaste con él?

—No. Mi abogado habló con él para darle la propuesta de la venta de la casa, y ¿sabes que le comentó el muy imbécil? Que no la iba a vender y que prefería comprar mi parte. ¿Puedes creerlo?

—Pero eso es bueno—decía Jacqueline metiéndose en la bañera. —Si te compra tu parte por un buen monto, quiero decir.

—¡El punto es que se va a quedar a vivir bajo el mismo techo con el baboso de mi primo!

—¿Y a ti qué te importa?

—¿Qué dirán los vecinos? Eso es humillante —recalcó Ariana

—Humillante para él. Tú vas a comenzar una nueva vida y cuanto más lejos de Carlos estés, mejor —dijo Jacqueline.

—Si lo pones así, quizás tengas razón.

—Claro que la tengo —aclaró Jacqueline. —Mañana tengo que comenzar a escribir la lista de la división de bienes y no sé por dónde empezar.

—Yo te ayudo, si quieres.

—No te preocupes... ¿Cuándo sales a cenar con William?

—Mañana. Nos encontraremos en el restaurante Le Bernadin —dijo Ariana triunfante.

—Tiene buen gusto el hombre.

—No fue su opción, lo reservé yo.

—Pues, muy bien. Sólo te aconsejo que no bebas alcohol para que no vuelvas a hacer un papelón.

—Desde que comenzamos las reuniones no he tomado una gota de alcohol, así que no creo que te debas preocupar... Una copa no me vendrá tan mal.

Jacqueline asintió resignada ante la actitud de adolescente de su amiga. Tras su baño relajante, Jacqueline se recostó a leer un rato y Ariana le preguntó si había recibido alguna llamada de Josefina y Jacqueline le dijo que, como su teléfono estaba apagado recargando la batería, no sabía quién, o si alguien, la había llamado. Ariana había recibido varias llamadas de Josefina pero cuando intentó devolvérselas, su llamada iba directo al buzón de mensajes.

Jacqueline la alentó recordándole que Josefina era toda una adulta y, si quería hablar de cualquier tema, podría esperar a la próxima mañana, seguro no era una urgencia. Ariana asintió y, ambas se acostaron a dormir.

A la mañana siguiente, Jacqueline se despertó más tarde de lo acostumbrado y viendo la hora, saltó de la cama. Advirtió que Ariana tampoco se había despertado y entró a su habitación despertándola con par de golpes en la puerta antes de lazarse a jalar las cobijas y descorrer las cortinas.

—¡Levántate, Ari! —llamó Jacqueline. —¡Estamos tarde para la reunión!

A diferencia de otras mañanas, ese día, Ariana y Jacqueline llegaron media hora tarde a la reunión de Alcohólicos Anónimos, para entonces, los integrantes del grupo estaban envueltos en sus propios cuentos. Al concluir la reunión, Josefina las saludó y tanto Jacqueline como Ariana, notaron su mala cara y terribles ojeras.

—¿Qué te ha pasado, Josefina? No te ves bien —dijo Jacqueline abrazándola cálidamente.

Josefina le sonrió.

—Te llamé anoche y también a Ariana, pero no me contestaron.

—¿Todo bien? —preguntó Ariana viendo a Josefina andar hasta la entrada del cuarto agarrando una sábana donde la noche antes había apiñado sus pertenencias.

—Todo bien. —le contestó Josefina —Sólo que anoche seguí tu consejo y me senté con ese maldito anticristo y le dije que quería divorciarme...

—¿Y qué tal? ¿Qué te dijo? —preguntó Jacqueline.

—Me dijo que no pensara demasiado para hacerlo, y en un ataque de coraje tiró toda mi ropa a la sala, y como no tengo maleta, la metí en esta sábana y aquí estoy.

—¿Te echó de la casa? —preguntó Ariana.

Josefina asintió.

—Anoche me tuve que venir a dormir al escalón frente a la iglesia —dijo Josefina.

—Tengo que hablar con el ministro en un rato para que me diga a dónde puedo ir. No tengo dónde estar.

—¿Y no tienes familia? —dijo Jacqueline. Josefina lo negó moviendo la cabeza.

—Esto es una locura —dijo Jacqueline.

—El problema es que no tengo dónde quedarme ni pá tan siquiera darme un baño. El loco de Johnson me dijo que va a entregar mañana el apartamento. Se va a mudar con una novia que tiene hace más de dos meses...Ya sabía yo que estaba en algo raro ese desgraciado —dijo Josefina.

Ariana y Jacqueline la acompañaron hasta la oficina administrativa del lugar, donde esperaba el perro de Josefina amarrado a una pata del escritorio.

—¿Y ese perro? —preguntó Ariana.

—Se llama Nono.

—¿Nono? ¡Qué gracioso! —dijo Jacqueline acariciando al perrito. Poco después un asistente de servicio en la iglesia las saludó y se sentó frente a ellas colocando un documento sobre el escritorio.

—Josefina, esto es lo único que hemos encontrado por ahora.

—¿Qué es? — preguntó ella.

—Una lista de hogares. Hay centros que dan ayuda a mujeres maltratadas, pero tienes que solicitar llenando cierto papeleo y ahora mismo tendrías que apuntarte en la lista de espera. Tampoco aceptan animales —dijo el hombre.

—¡Oh!, pero yo sin mi perro no me quedo en ningún lado! —dijo Josefina.

Ariana miró a Jacqueline viéndola pensativa y la tomó del brazo hacia un lado de la pequeña oficina.

—Jacky, pobre mujer, por seguir nuestros consejos está de patitas en la calle —susurró Ariana.

—Lo sé —accedió Jacqueline —No podría dormir tranquila sabiendo que Josefina está deambulando…— dijo Jacqueline y avanzó hacia Josefina tomándole la mano.

—Josefina, vente a mi casa hasta que termines el curso. Si sólo te quedan unos días para acabar tu curso, estoy segura que, de ahora a la semana que viene, podremos solucionar tu situación.

—¿De verdad? —contestó Josefina emocionada—No sé cómo pagarte... De verdad, si tuviera dónde ir no me atrevería a aceptar tu oferta, pero dormir en las iglesias mientras estudio para aprobar mis exámenes finales de verdad sería un desastre. Y sin Nono, no puedo ni quiero imaginar cómo sería…Gracias...—dijo Josefina abrazándola.

—Yo nunca he tenido perros en casa, pero si lo mantienes bajo control, no me molestaría tenerlo —dijo Jacqueline sonreída.

—¡Nono ni molesta!

—Pues vamos a llevar tus cosas a casa, antes de que entres a trabajar —dijo Ariana.

Josefina agarró la cadena de su mascota y salieron de la iglesia para tomar un taxi.

En menos de veinte minutos entraban al edificio donde vivía Jacqueline y Josefina las seguía, cargando su perro en brazos. El valet agarró la enorme sábana, que sacó del baúl del taxi, y se la llevó en el elevador de servicio. Josefina paseaba la vista entre las alfombras, suelos de mármol y paredes de espejos, también enmarcados en mármol. Hasta el aire de ese finísimo vestíbulo le resultaba demasiado elegante para sus humildes pulmones sintiéndose atrevida de no pedir permiso para respirar.

Llegaron al apartamento de Jacqueline y al instante el valet apareció por el elevador de servicio con el saco y lo dejó en la entrada. Mientras tanto, Ariana se encargó de mostrarle a Josefina el cuarto de Phil Jr. donde dormiría por las próximas noches.

—¡Pero este sitio sí que es precioso! —admiró Josefina. –Y tú, ¿cuántas horas tienes que trabajar para pagar un sitio como éste? —dijo impresionada.

—No sé— contestó Jacqueline. —Mi esposo lo compró, creo que ya está pago, pero el mantenimiento es ridículamente caro. Para los que quieren alquilar apartamento en el área, creo que otros edificios resultarían más interesantes y menos costosos —dijo Jacqueline intentando quitarle peso a la pomposidad del ambiente.

Ariana y Jacqueline se quedaron con Josefina el resto de la mañana y casi toda la tarde, pues Josefina les mencionó que la hija del anciano la había llamado para decirle que no tenía que ir a trabajar. Jacqueline canceló su clase de yoga, pensando en retomarla el próximo día.

Josefina insistió en cocinarles un rico plato típico de su tierra y Jacqueline le pidió a Donna que fuera al supermercado para buscar los ingredientes necesarios.

Jacqueline les mencionó a sus dos amigas que en par de días se vencería la orden que Phil tenía en su contra, y les mencionó que cuando los chicos llegaran, Josefina y Ariana tendrían que compartir la misma habitación. Phil Jr. compartiría su cuarto con su hermano pequeño, pues ambas habitaciones tenían una camilla adicional.

—¿Y dónde meto a Nono? —dijo Josefina

—El perro no me preocupa —dijo Jacqueline —seguro que los chicos quedarán prendados.

—¿Tú crees? —preguntó Ariana.

—¡Pues claro! Mark siempre quiso tener un perrito, pero el amargado de Phil nos lo tenía prohibido.

—Yo no podría confiar en alguien que no le gusten los animales —dijo Josefina.

—¡Yo tampoco! —repitió Ariana. —A buena hora me enteré de que había vivido con uno por veinte años.

—¿Tenías perro? —preguntó Jacqueline colocando los platos sobre la mesa.

—¡Claro que tenía perro! –Dijo Ariana–¿Cómo le llamas a Carlos?– dijo Ariana risueña y todas se echaron a reír.

Josefina terminó de cocinar en menos de una hora y Ariana la ayudó a llevar la variedad de platos al comedor. Donna también compartió parte de la comida con las amigas, y Josefina estaba prendada de orgullo ante los cumplidos.

—¡Qué delicia! —dijo Jacqueline saboreando un trozo de plátano dulce.

—Bueno, si no te va bien en eso de asistencia médica, podrías trabajar en restaurantes —le animó Ariana.

—No. ¿Para qué quiero meterme a coger calor en una cocina todo el día y salir con peste a ollas? Si ganara buen dinero haciendo eso, lo pensaría, pero lo que pagan en eso de cocinar no es suficiente —aclaró Josefina tirándole un pedacito de carne a Nono. –Hay algo que no les he dicho.

—¡Cuéntanos! —dijo Ariana en tono eufórico.

—Tú sabes que a veces cuando llueve, truena —dijo Josefina.

—Sí, lo estoy viviendo en carne propia —repuso Jacqueline.

—¿Pueden creer que esta mañana me llamó la hija del viejo a quien cuidaba?

—¿Ya le dieron de alta? —preguntó Ariana.

Josefina lo negó moviendo la cabeza.

–Entonces?– inquirió Jacqueline.

—¿Tú puedes creer que me botan de mi casa, y si eso no fuera poco, cuando me llama la hija del viejo, me dice que no me necesita más?

—No entiendo —repuso Jacqueline. –Pero, ¿no que su padre está muy enfermo?

—Estaba enfermo. El viejo se murió anoche —anunció Josefina alzando la vista pendiente a su reacción.

—No puede ser —dijo Ariana.

—Sí, —contestó Josefina —Me va a dar la paga de una semana y tengo que conseguir otro trabajo, lo antes posible...

—Pero es que es impresionante —comentó Jacqueline. –No comprendo los golpes de la vida. De veras que la estás pasando mal.

—Sí, no sabes lo que aprecio que me dejes quedar contigo por lo menos unos días.

—Si sólo te quedan unos días, no te preocupes, –la animó Jacqueline– termina tu curso y, durante el día, puedes dedicar tiempo a buscar otro trabajo; y de paso conseguir algún cuarto para rentar.

—Sí, eso es lo que voy a hacer. El problema es que tengo que conseguir algo, lo que sea, no puedo estar aquí así sin un chele.

—No te preocupes Josefina, en algo pensaremos —dijo Ariana.

Al rato, Jacqueline hizo café y en eso Ariana dio una palmada sobre la mesa de sopetón. Se le había ocurrido algo.

—¡Ya sé! —saltó Ariana.

—¿Qué? —preguntó Jacqueline.

—Ayer, precisamente, la señora a quien le vendí unos terrenos para sus funerarias me llamó para preguntarme si conocía a alguien con experiencia trabajando con muertos.

—Por Dios, Ari, ¿quién va a querer trabajar con muertos? ¿Y haciendo qué? —dijo Jacqueline.

— ¡Oh! ¡Pero trabajar con muertos es más fácil que trabajar con los vivos! —dijo Josefina.

—No sé, pero la voy a llamar en un rato. Creo que si no te molestaría trabajar en Queens, podría ser una opción.

—Sí, podría trabajar el horario de la mañana, no tengo problema. Las clases las tomo en las noches, por lo menos hasta el final de la semana.

—Y, ¿no te da asco trabajar con muertos? —le preguntó Jacqueline tomando a sorbitos su café.

—En mi pueblo, tú no sabes lo que tuve que hacer cuando se murió mi cuñada.

—¿La enterraste? —preguntó Ariana.

—¿A quién voy yo a enterrá?

—¿Entonces? —inquirió Jacqueline.

—¡Tuve que montarme en un avión y llegar a mi pueblo porque mi hermano se quería suicidá! No podía viví sin su mujer y lo primero que me encuentro, tan solo entrar a la casa de mi hermano, ¡fue la caja de muerto con la mujer metía ahí, puesta en el medio de la sala!

—¡No! —dijeron Jacqueline y Ariana al unísono.

—¿Y crees que eso es fácil? —repuso Josefina.— Señores, ¿quién diablos pone un muerto en el medio de la sala en pleno siglo veintiuno?

—Definitivamente, aquí, en Estados Unidos, eso no es muy común —reconoció Jacqueline.

—Tú sabes, yo he vivido aquí en América ya más de quince años, y una se moderniza. Cuando llegué a casa de mi hermano y me encuentro con ese cuadro, yo me puse a pensá: Pero, ¡es que en mi pueblo la vaina no cambia! —declaró Josefina. —Eso no parecía un velorio, señores, eso parecía un comedor público pá indigentes. Pá eso llegaban los vecinos, a buscar comida. Todos en fila con un plato vacío, que habían traído de su casa, y la madre de la muerta frente al caldero repartiendo sopón. Y yo me pregunto ¿y pá que vienen? ¿A "comé gratis o a ver a la muerta?

—Sí, si lo pones así es un poco extraño —reconoció Jacqueline.

—A mí, de ver un muerto en la sala de mi casa, se me quitaría el apetito—aclaró Ariana.

Josefina se inclinó hacia ellas.

— Yo solucioné el problema llamando a mi otra hermana que estaba cotorreando con el vecino de enfrente y en menos de un minuto tenía yo a cuatro hombres empujando la caja con la muerta pá la terraza...

—¿No protestaron? —preguntó Jacqueline.

—Sí.—dijo Josefina— Toda la familia dizque, ¿cómo va a sacá a Carmelina de la casa?, decían...

Ariana y Jacqueline no aguantaban la risa.

—Pero, ¿a quién se le ocurre poner un muerto en el medio de la casa? —repitió Ariana.

Josefina concluía contándoles que, finalmente, pudo convencerlos, al insistir en que el cadáver necesitaba aire fresco, y que tanto bullicio interrumpiría su viaje hacia el más allá, y con ese cuento la familia accedió.

Todas se echaron a reír admitiendo que la idea fue, como menos, brillante.

—Ya le mandé a mi clienta un mensaje de texto–dijo Ariana– espero que todavía tenga la plaza vacante. Le preguntaré en qué consiste el trabajo y ya nos las arreglaremos para convencerla de que te dé el trabajo.

—Cristo me vino a ver cuándo me topé con ustedes —dijo Josefina y Ariana asintió.

—No es nada, seguro te va a ir de maravilla.

—Pues, bien — soltó Jacqueline levantándose de la mesa. –Yo me voy a mi cuarto, tengo que hacer una lista para mi abogado.

—Te puedo ayudar si quieres —le propuso Ariana.

—Yo me voy a dar una ducha, tengo que irme a clase en menos de una hora —anunció Josefina.

—Ya son las siete, ¿no entrabas a las cinco? —preguntó Ariana.

—Sí, pero como ayer hice el examen de la primera clase ya hoy no tengo que ir.

—Diles lo que te ha pasado, si llegas tarde. Seguro no te llamarán la atención –añadió Jacqueline.

Ariana ayudó a Donna a recoger la mesa y entre las dos colocaron la vajilla en el lavaplatos. Al rato llamó a su abogado, quien le anunció que su caso estaría resuelto en poco tiempo. Carlos y Ariana no tenían bienes comunes aparte de la casa que compartieron y el abogado de Carlos ya había preparado una propuesta con la oferta. Ariana quedó en ver a su abogado en par de días para discutir los detalles.

Jacqueline llamó a la recepción de su edificio y dio los datos de Josefina apuntándola en la lista de residentes temporeros.

Al caer la tarde Jacqueline se animó a dar una caminata por el Parque Central y le preguntó a Ariana si gustaba acompañarla. Ariana se negó ya que se arreglaba entusiasmada de encontrarse con William quien la había invitado a cenar.

—Pásala bien y no tomes alcohol, Ari.– aconsejó Jacqueline.

—Bueno, una copita de vino no le viene mal a nadie durante la cena.

Jacqueline optó por echarse a reír, tenía la confianza.

—El problema es que tus copitas tienden a multiplicarse con las horas. Intenta no llegar tarde, recuerda que tenemos reunión mañana.

Ariana le sonrió con cara cómplice.

—Está bien...–dijo Ariana–Que descanses —concluyó saliendo del apartamento olorosa y exageradamente emperifollada.

De nada sirvieron los consejos de Jacqueline, pues tan pronto Ariana se sentó con William, pidió la carta de vinos y pidieron una botella de vino tinto, chileno. También optaron por el menú de la noche, que era uno de cinco platos y pareado con vinos sugeridos por el chef. A las dos horas ya William y Jacqueline terminaban su velada. William había intentado de llevarle el paso a Ariana pero, tras pagar la cuenta e intentar levantarse, sintió el azote de un mareo repentino. Se le habían subido las copas y no encontró forma de mantener el balance más que apoyándose sobre la mesa, que se tambaleó.

—¡Me he pasado por seguirte la corriente! —reconoció William. —Eres mala influencia.

Ariana se echó a reír.

—Estamos a tan solo dos cuadras de mi casa, bueno, de donde me estoy quedando por ahora —dijo ella, ayudándolo a caminar, sujetándolo por el brazo.

—Sí, me habías dicho que te estás quedando con Jacqueline, ¿no?

—Sí, pero a ella no le va a molestar si subes y te recuestas un rato en el sofá. Un café y un poco de agua te vendrán bien. No puedes conducir así, como estás.

William asintió dándole la razón y en menos de diez minutos entraban al apartamento. La luz tenue de las lamparillas auxiliares, junto a las velas de olor que Jacqueline había colocado en varias esquinas, daban al espacio un ambiente relajante.

Ariana entró junto a William y el perro de Josefina salió corriendo hacia ellos tras soltar la zapatilla que mordía. Entonces, el animalito, emocionado, se lanzó hacia William ladrando y alzó la pata orinando a sus anchas el dobladillo del pantalón. El hombre ni se dio cuenta.

El perro los seguía, al tiempo que Ariana guiaba a William, que tambaleaba por el pasillo, buscando equilibrio. Tan pronto el hombre entró en la alcoba, cayó rendido sobre la cama, y Ariana sacó a Nono del cuarto, encerrándolo en la habitación contigua.

Ariana preparó la cafetera dejándola encendida y cuando regresó a la habitación vio a William roncando. Algo de ese momento la provocó a cerrar la puerta con pestillo, y se desvistió. Ariana se las apañó para despojar al hombre de su traje de chaqueta, dejándolo desnudo en minutos. Se acostó a su lado, llevando a cabo su plan de seducción, hasta que se tiró encima de él viendo como éste despertaba al sentir una intensa erección. Ariana hizo una pausa y se agachó por la esquina de la cama, buscó debajo de ella y cuando William abrió los ojos, la vio envuelta y entregada sobre él, besándole el cuello hasta bajar al pecho hasta llegar sobre su abdomen y, sin pensarlo, Ariana tomó posesión del miembro con sus labios y tras minutos de felación, William sintió una extraña presión. Algo en ese instante provocó que se intensificara su erección y al rato culminó la aventura que los dejó jadeando hasta que recuperaron el ritmo normal de su respiración.

Ariana encendió la lámpara sobre la mesita de noche y, cuando él se incorporó, sintió un desagradable pinchazo en su miembro que mataba la sensualidad de la ocasión.

—¿Qué es esto? —dijo William viendo su virilidad atrapada en un anillo de aluminio.

—¿No te ha gustado? —preguntó Ariana.

—¿Qué tengo? ¿Qué me has puesto? —insistió él.

Ariana se levantó y se echó la bata encima. Entonces se sentó a su lado observando el objeto con curiosidad.

—No te asustes —dijo Ariana. —Es que quería probar esto que vino en mi cajita de juguetes eróticos. Es un anillo diseñado para mantener la erección —añadió ella.

—Yo no te pedí que me pusieras esta cosa —repuso él apoyando la espalda contra el espaldar de la cama.

—No te preocupes. Ya te lo quito.

—¿Lo habías usado antes?

—¡No! ese es nuevo... Lo saqué del paquete... ¿cómo crees?

—Quiero decir, si lo habías usado antes. Me está apretando y no sale —le susurró William ahogado en su coraje. Comenzaba a sentir las punzadas de la presión que causaba el anillo provocando una hinchazón.

—Espera, ya te lo quito —dijo Ariana.

Tras un par de intentos, y al ver que el anillo erótico no resbalaba, Ariana fue hasta el baño y buscó entre las gavetas hasta dar con un pote de vaselina. Se lo llevó al cuarto, cerró la puerta y se sentó al lado de él.

—Ven, déjame ver —dijo ella. Entonces le pasó cantidad generosa de vaselina al anillo pero cuando intentaron deslizarlo el metal no aflojaba y William comenzaba a apretar los ojos de dolor. Ahora ella también tenía retortijones de nervios. Pasó un buen rato, y por los nervios, las manos de Ariana temblaban y ella comenzaba a sudar. Se recriminaba ella misma.

—¡Dios mío, esto me pasa por experimentar!

William se esmeraba intentando deslizar el anillo y zafárselo pero sólo lograba sentir un dolor extremo.

—¡Mierda! —dijo él.

—Perdona William, déjame intentarlo —dijo Ariana avergonzada.

—¡No! —gritó él. —¡No hagas nada más!

Entonces, escucharon que alguien llegaba a la casa y cerraba la puerta de la entrada.

—¿Quién está ahí? —preguntó William.

—Espera, ahora vuelvo — dijo Ariana y se amarró la bata, saliendo de la habitación, y vio a Josefina, que había llegado a la casa tras su tanda de exámenes.

—¿Y ese grito? —preguntó Josefina

—¡Shsssss! Es mi amigo, William.

—¡Oh! pero, y... ¿qué tú le has hecho a ese hombre, si se le oyó el grito desde el ascensor?

En eso apareció Jacqueline que salía de su cuarto intrigada, amarrándose la bata a la vez que caminaba con el cabello alborotado y más dormida que despierta.

—Ari, ¿qué ha sido eso?

—Espera, déjame explicarte —rogó Ariana. —Estábamos pasándola de lo más bien...

—¿Quiénes? —preguntó Jacqueline

—¡William y yo! ¡Shsss!

—No puedo creer que te lo has traído a casa, Ariana. Eres una desjuiciada.

—Es que nos tomamos unas copas y bueno, de verdad no tenía planes de nada, pero como estaba medio borracho, le ofrecí un café.

—¡¿Un café?! —dijo Josefina —¡Oh! pero... y qué café del diablo que tú le has da'o a ese hombre?

Ariana les explicó que no se pudo contener, al verlo vulnerable tendido en su cama, y que, como apenas recordaba su aventura con él de la última vez en el Saint Regis, quiso rehacer el cuento y se animó a probar uno de sus pequeños juguetes erótico, el cual se le había quedado trabado y no encontraban qué hacer. Jacqueline se le acercó susurrándole al oído.

—No me digas que...

—Sí, el anillo se le ha quedado agarrado entre los testículos y el pene... ¡No sale!

—¿Pero, y esa vaina no es de goma? ¡Córtalo con unas tijeras! —dijo Josefina.

—¡No es de goma, es de metal! —aclaró Ariana.

Josefina se llevó las manos a la cabeza mirando a Ariana con la boca medio abierta.

—¡Se jodió el hombre!

—¿Qué hacemos, Jacky?

—¿Qué hacemos? No puedo creer que hayas traído un macho a la cama de mi hijo.

—Perdona, no se suponía que te enteraras. Qué iba a saber yo que se le iba a quedar enganchado el pito en esa cosa.

—¡Por Dios! No me canso de decirte que no eres una chiquilla, Ari... Cuando vas a sentar cabeza! — susurraba Jacqueline.

Entre las tres le daban vueltas al asunto pensando cómo solucionar la situación. Jacqueline avanzó hacia Josefina esperanzada.

—Oye, Josefina, a ti te enseñan de cuestiones médicas, ¿no? —inquirió Jacqueline. —¿Y si le das un vistazo a ver si se te ocurre algo?

—Yo seré asistente de médico, no enfermera... —repuso Josefina intimidada.

—Sí, pero Jacky tiene razón, a lo mejor se te ocurre una manera de cómo sacarle esa cosa sin que le duela —dijo Ariana.

—Está bien —respondió Josefina. —Vamos a ver qué me invento.

Ariana abrió la puerta despacito y Josefina la siguió. Ambas vieron a William tendido en la cama tapándose con la toalla blanca.

—William, mi amiga, que es enfermera, nos va a ayudar con tu situación —dijo Ariana, alzando la toalla sutilmente.

—Creo que tengo que ir al hospital —dijo William.

Ariana sentía las manos temblando pero intentaba disimular su propio pánico.

—Qué exagerado eres, tranquilo.

Josefina se acercó a él y Jacqueline miraba la escena desde la entrada de la habitación. Entonces, Josefina fue al baño, se lavó las manos y volvió a la habitación y se sentó al lado de William.

—No te voy a preguntar cómo estás, porque sé que te va mal —dijo Josefina y escrutó el pene del hombre. En menos de un minuto lo volvió a cubrir con la toalla. —¡Oh, pero y esta vaina! ¿Y de dónde has sacado tú este disparate?

—¡Yo no! No sé en qué momento me lo puso. Yo no uso estas cosas.

—Pero, tus partes se ven como que le van a dar gangrena... No quiero asustarte...

—¿Qué? ¡¿Cómo?! –gritó él.

Jacqueline entró a la habitación.

Jacqueline también le dio un vistazo. –Esto no se ve bien—dedujo en voz alta Jacqueline.

—¡Llama a emergencias! ¡Esto es ridículo!

Josefina se levantó, saliendo de la habitación.

—¡Ridículo es que te pongan un anillo en el pito y no te des cuenta! –voceaba Josefina abriendo la puerta de su cuarto y en eso su perro salió corriendo y se metió en la habitación de Ariana, y al ver a William, saltó sobre la cama y comenzó a jalar la toalla.

—¡Quita este perro de aquí! —gritaba William aguantando la toalla.

Josefina sacó al perro mientras Jacqueline y Ariana llamaban a emergencias.

—Ya vienen de camino—dijo Jacqueline

—¿No lo pueden cortar con algo? —preguntó Josefina.

—Es de metal —contestó Ariana.

Jacqueline salió de la habitación y buscó un par de alicates que sacó de una caja de herramientas en el armario del pasillo, frente al cuarto.

—Toma Josefina, trata con esto.

—¿Alicates?

— ¿Nunca has usado un par de alicates? —preguntó Jacqueline.

Ariana y Josefina siguieron a Jacqueline fuera de la habitación, cuando la chica de recepción del edificio llamó. Los bomberos habían llegado antes que la ambulancia. Tan pronto subió uno de ellos, Jacqueline le explicó la situación y el joven, faltó en tener la diplomacia que ameritaban las circunstancias, se echó a reír.

—Disculpe, señora —dijo el joven. —Había escuchado sobre este tipo de casos, pero nunca me había dado con uno.

En eso entró su compañero y ahora eran tres de ellos que estaban en la entrada del apartamento.

—¿Sabes usar alicates? —le preguntó Josefina

—Sí, claro—le contestó el joven y Ariana los llevó a la habitación.

William seguía acostado, con los ojos mirando al techo y la toalla entre las piernas. El joven le preguntó si podía remover la toalla para tener claro el origen del problema y William asintió con la cabeza desesperado para que le quitaran el metal.

El joven se sentó a su lado y removió la toalla.

—¡Ay! —exclamó el chico apretando los ojos por dolor de tan solo verlo sin poder auxiliarlo. Colocó el alicate sobre la mesita de noche.

—Van a tener que llevárselo a emergencias.

Al momento se escuchó el timbre y Jacqueline atendió. Habían llegado los paramédicos quienes, tras darle un vistazo al miembro de William, coincidieron en que habría que llevarlo al hospital más cercano.

—Hay que subir una camilla —dijo uno de los paramédicos.

Ariana le ofreció acompañarlo en la ambulancia pero William se negó. Iban saliendo del apartamento cuando Josefina tomó los ropajes y zapatos del hombre y los echó en una bolsa de basura, que colocó a los pies de William, que yacía en la camilla.

—¡Vaya con Dios, hermano, que de verte nada más el diablo se va corriendo! —le dijo Josefina, viendo cómo se lo llevaban en el ascensor.

William fue llevado en ambulancia hasta el hospital Presbiteriano donde fue atendido por un equipo de cirujanos. Por suerte, después de esfuerzos combinados que duraron menos de noventa minutos, el juguete circular se rompió liberando el miembro de William de su cruel agarre. Esa noche, William durmió en el hospital con una bolsa de hielo, que las enfermeras colocaron sobre sus genitales para que le aliviara la hinchazón, a la vez que el frío también anestesiaba el dolor.

A diferencia de Josefina y Jacqueline, esa noche Ariana no pegó un ojo preocupada por William, quien no le contestaba las llamadas ni los mensajes de texto. Ella supuso que quizás no tenía señal en el hospital. Temía que los doctores no lograran despegarle el anillo de su miembro. Cada vez que pensaba en el dolor que estaría el hombre pasando, Ariana cerraba los ojos de vergüenza y preocupación.

Capítulo 9

Jacqueline se levantó descansada la próxima mañana y, tras preparar el café, anduvo al cuarto de Ariana a despertarla. Josefina estaba en pie desde las cinco de la mañana y desde esa hora se comía los libros ansiosa por pasar sus últimos exámenes. El ambiente del apartamento se activaba con los ladridos de Nono, las risas de las amigas y el aroma de café que viajaba libremente por cada esquina.

Jacqueline expresaba su pesar sobre William, estaba genuinamente preocupada.

—Pobre hombre, espero que no le haya ido muy mal en la sala de emergencias.

—Eso le pasa por fresco —dijo Josefina. —¿Quién lo manda a ponerse vainas extrañas? ¡Que aprenda ahí!

—La culpa fue mía —confesó Ariana

— Quizás William no había visto un anillo de esos en su vida. Seguro lo asustaste, Ari —supuso Jacqueline.

—¿Tú crees que no? —dijo Josefina. —¡Yo creo que sí!

—¡Pues claro que no!

—A mí me da que el tipo se las estaba dando de inocente. De esos que ponen cara de que no han roto un plato y ¡de seguro que ha roto más de vajilla y media! ¿Cómo creen que le voy a poner un anillo en el pene sin que se dé cuenta? No es como si le estuviera echando un chorro de agua bendita en la cabeza– dijo Josefina.

—¿Cómo? ¿Se lo pusiste sin que se diera cuenta? —Preguntó Jacqueline— Creo que lo tenías embrujado con tus encantos.

—¡Que son muchos! —añadió Ariana y las tres se echaron a reír.

—De ésta no vuelve a contestarte una llamada —le comentó Jacqueline.

—Mejor, menos perros menos pulgas —repuso Ariana. Y era sincera al expresarles que si lo volviera a ver o no, en realidad, le daba igual.

Durante la conversación, Ariana les contó que William apenas había compartido detalles de su vida durante la cena, y todos sus temas eran de índole superficial. Cuando Ariana le insinuó querer ver fotos de sus hijos, William le dijo que su celular era nuevo y no tenía fotos guardadas en la memoria del aparato. Tampoco le interesó saber detalles sobre el divorcio de Ariana, de su trabajo o de su hijo Charley, que era casi un hombre de edad universitaria. Aunque le mencionó que su hijo mayor acababa de comenzar su primer año en la universidad.

—A lo mejor William se siente incómodo en conversaciones tan profundas —dijo Jacqueline.–Sólo lo has visto dos veces.

—Pues a mí me huele que está casado —dijo Josefina.

—¡Imposible! —repuso Ariana. –Tenía el celular en de la mesa durante la cena ¿No crees que si estuviera casado mantendría el móvil guardado?

—¿Y tú qué sabes? —dijo Josefina. –¿Y cuántos hombres no hay que tienen dos celulares? ¡Uno pá la familia y otro pá el pueblo!

—Josefina tiene razón—dijo Jacqueline. —Los médicos suelen tener un celular para las llamadas de emergencia y otro personal.

—No creo que esté casado. Además, ya nos dijo que estaba separado.

Josefina se levantó de la mesa.

—Y la esposa, ¿lo sabe? Te sorprendería saber cuántos hombres están "separados" y las esposas son las últimas en enterarse...

—Me imagino —dijo Ariana.

—Ari, que sea la última vez que traes un hombre a casa.

—Jacky, perdóname. Si no me hubiera pasado de copas, eso seguro que no hubiese pasado.

—Creo que deberías considerar el programa de Alcohólicos Anónimos seriamente. No recuerdo una noche que hayas tomado un trago que no termine la velada como el rosario de la Aurora.

Josefina se sentó junto a Ariana.

—Ningún alcohólico empieza la carrera de borracho con un trago de tequila en la mañana.

—¿Qué quieres decir?—inquirió Ariana.

—Que el alcoholismo es una vaina progresiva... Hoy te tomas uno, mañana dos, hasta que te levantas con una cerveza en la mano, luego dos...

—No me veo haciendo eso.

Jacqueline le daba la razón a Josefina y Ariana se cuestionaba a sí misma.

—¿Crees que soy alcohólica?

—Si no lo eres, te estás esforzando para serlo —declaró Josefina.

Josefina les contó algunas experiencias y les confesó que no recordaba el día en que tomó una copa por gusto sin perder la cabeza. Sin excepción alguna, tras el primer trago no había freno para su compulsión.

Josefina les habló del método Sinclair y cómo esa terapia la ayudó a combatir su propio problema de alcoholismo, disipando por completo su obsesión con el alcohol. Ni Jacqueline ni Ariana habían escuchado del método antes, y ella les explicó que era un tipo de terapia muy conocido en Europa, especialmente en Finlandia, donde se comenzaron las investigaciones con ese método.

—La primera semana que trabajé cuidando al viejo— dijo Josefina— llegué dos horas tarde y con una peste a ron, que había que taparse la nariz pá saludarme.

—Pero, ¿a quién se le ocurre? —dijo Jacqueline.

Josefina se encogió de hombros.

—¡Hasta las manos me hedían a alcohol! Por poco pierdo el trabajo —confesó —La noche anterior fue la vez que le caí a batazos al estéreo de mi marido—dijo Josefina. —Dios me vino a ver esa mañana que llegué tarde...

— ¿Por qué? —preguntó Jacqueline.

—La hija notó la resaca y la peste a alcohol, así que se sentó conmigo pá hablarme. Me dijo que ella también había tenido problemas con el alcohol hacia unos años pero un médico la curó de ese diablo de problema...

—¿Y qué hiciste? —preguntó Ariana.

—La hija habló con su médico y sacó una cita pá mí. En menos de tres días estaba yo sentada en su oficina. Ella me pagó las primeras cuatro consultas.

—¡Qué generosa! —dijo Jacqueline.

—Oh, ¿y tú crees que fue gratis? Me lo descontó del sueldo, pero no me importa... Me salvó la vida.

—¿Y qué te dio el médico? Según tengo entendido, el alcoholismo no se cura, ¿o sí? —preguntó Jacqueline.

— Ese médico me habló del método Sinclair.– dijo Josefina y tanto Jacqueline como Ariana se inclinaron apoyando los codos sobre la mesa atentas al tema. Josefina les contaba que el método Sinclair consistía en tomarse una pastilla, Naltrexona, de cincuenta milígramos. Les sorprendía saber que, a diferencia de Alcohólicos Anónimos, que promueve la abstinencia total de alcohol, el método Sinclair era todo lo contrario. Ese método advierte que el paciente debe tomar el medicamento, Naltrexona, una hora antes de consumir cualquier bebida alcohólica. El medicamento combate el relevo de dopamina y el sentido eufórico que impulsa la compulsión y, con el tiempo, el paciente pierde el interés y así borran su obsesión. Deberá tomar el medicamento de por vida solamente antes del consumo de alcohol.

Ahora Josefina iba a las reuniones de Alcohólicos Anónimos para no olvidarse de su condición y también ayudar a quien pudiese.

Ariana buscó la información del método Sinclair en diferentes páginas del internet dando con un sinnúmero de comentarios y testimonios de personas que habían controlado su problema de alcohol con ese método.

Jacqueline preguntó el por qué ese tipo de terapia no se conocía en los Estados Unidos, a fin de cuentas, el medicamento estaba aprobado por la FDA para el tratamiento de alcoholismo. Las tres coincidieron que, desafortunadamente, la medicina se había convertido en una industria y las casas de rehabilitación en Estados Unidos eran negocios billonarios, sin interés en promover ese tipo de terapia, tan económica y efectiva, que afectaría el número de admisiones de pacientes en sus centros.

—Hoy mismo llamo a tu médico, Josefina. —se animó Ariana. —Jacqueline, sabes que Carlos me ha cancelado las tarjetas, ¿me ayudas a cubrir el gasto del médico? Yo te lo pago tan pronto me ponga al día.

—Claro que sí, Ari. No te preocupes –dijo Jacqueline recogiendo los platos de la mesa. Ariana se levantó y se los quitó de las manos.

—Gracias, Jacky. Ve a vestirte, ya yo los llevo a la cocina.

Donna entraba por la puerta con la energía de una chiquilla.

—¡Buenos días! —dijo la empleada.

 Donna iba enganchando su abrigo en el perchero de la entrada.

—¡Buenos días!

Josefina la saludó sonriente y al rato las tres amigas salieron de casa encaminadas a su reunión matutina, luego volvieron juntas al apartamento sin más novedades esa mañana. Josefina estaba recostada y repasaba el material de sus exámenes cuando Ariana la llamó a voces desde la sala.

—¡Ven, Josefina, me escribió mi clienta!

Josefina se sentó a su lado.

—¿ Tu clienta la de los muertos?

Ariana asintió y juntas llamaron a la dueña de la funeraria. Ariana la saludó y, sin dar mucha vuelta al tema, recomendó a Josefina para el trabajo. La señora le preguntó si Josefina tenía experiencia trabajando en funerarias y Ariana le dijo que sería mejor que la conociera y discutieran los detalles en persona. Podría entrevistarla y darle un par de horas para que Josefina viera el ambiente y se familiarizara con el trabajo.

Ariana colgó y le dio directrices a Josefina.

—Ya sabes— dijo Ariana —tienes que decir que trabajaste en tu país en alguna funeraria.

—¡Oh, pero espérate, yo nunca he trabajado con los muertos, ¿qué le digo?

—No le digas nada en concreto, solo sonríe y dile que sí a todo. De todas maneras, te darán un curso o entrenamiento básico, me imagino

—Ahora mismo voy a la funeraria—dijo Josefina y se echó encima el abrigo. Apuntó la dirección y número de teléfono del lugar en un papelito y se despidió emocionada, como una cría ansiosa de llegar a clases en su primer día de escuela. Jacqueline salía en ese instante de su habitación, preparada para su clase de Yoga.

—¿Dónde va?

—Va a trabajar para mi clienta en Queens.– dijo Ariana.

—¿Con los muertos?

Ariana asintió y Jacqueline le expresó que se alegraba de que consiguiera trabajo. En tan poco tiempo, tanto Ariana como Jacqueline le habían tomado mucho cariño a Josefina. Su sencillez y humildad les resultaba refrescante. Entonces, Jacqueline se echó el abrigo encima voceando a Ariana desde la entrada.

—¿No vienes conmigo al yoga?

—No. Voy a llamar al médico que me recomendó Josefina.

—Creo que te vendrá bien —comentó Jacqueline. — Y… ¿No has hablado con tu hijo Charley?

—Le llamé anoche, antes de salir con William a cenar.

—¿Y qué tal ha tomado tu hijo la situación del divorcio? —preguntó Jacqueline.

—Mi hijo nunca se llevó bien del todo con su padre —confesó Ariana. —Cuando se lo mencioné, me dijo que ya era hora. Que le había extrañado siempre que hubiéramos durado juntos tanto tiempo.

—¿Sabe Charley lo de tu primo?

—No. Ese detalle se lo tengo que contar en persona, cuando lo vea en verano, ya que no viene en primavera. Creo que tiene novia, así que me tocará ir a verle en Boston—dijo Ariana en tono melancólico.

—Charley siempre ha sido un chico muy independiente —comentó Jacqueline.

—Sí, pero tengo que hablar con un psicólogo para ver de qué manera le hablo sobre la homosexualidad de su padre.

—Es un tema muy delicado —añadió Jacqueline.

—Sí, no es lo mismo decirle a tu hijo que sus padres se están divorciando, que decirle que se están divorciando porque su padre es homosexual.

—No tienes que ser detallista al respecto, Ari... Hoy en día ese tipo de casos se están dando con más frecuencia.

—Cierto —contestó Ariana. —Pero eso no significa que no le vaya a afectar. Es una de esas cosas que escuchas hablar por ahí, pero jamás piensas que te va a pasar a ti.

—Tienes razón, Ari. Si me necesitas, o si quieres que esté presente para darte apoyo, no sé... Avísame —dijo Jacqueline.

—No Jacky, gracias. Estas son cosas demasiado sensibles. Creo que le debo a Charley el máximo de privacidad. De hecho, preferiría que fingieras no saber nada, no quiero que se sienta incómodo.

Jacqueline estaba de acuerdo con ella y cambiando el tema le preguntó si supo de William. Ariana le dijo que lo había llamado varias veces pero sus llamadas iban directo al correo de voz. Comenzaba a sospechar que el hombre bloqueó su número de teléfono y Jacqueline le dijo que no le extrañaba si William se desapareciera sin querer volver a verla. Sus encuentros fueron indiscutiblemente memorables por las razones incorrectas. Ariana se sentía desilusionada aunque prefería convencerse que no le importaba. William no era su tipo de hombre y atribuyó su interés hacia él a la falta de atención que sufrió junto a Carlos, por tantos años. Admitía ahora que era su responsabilidad tomar tiempo y sanar sola. Debería encontrarse con sí misma para aprender a apaciguar el rencor que despertó una separación traumáticamente dolorosa.

Capítulo 10

Josefina intercambiaba trenes sin escuchar el bullicio por las plataformas, segura de sí, como cualquier guía turístico. Una vez en Queens, cayó en cuenta que la funeraria quedaba en un área bastante retirada de la estación del tren y caminó un rato antes de tomar el autobús que la dejó a un par de cuadras del lugar. Sin ser empleada aún, ya comenzaba a sentir la pesadez de encarar semejante trayecto cada mañana.

Josefina corroboró la dirección ojeando un papelito frente a una casa de arquitectura victoriana. Desde la entrada de la verja de metal negra se imponía el fuerte olor a pintura fresca y había un cartel de letras doradas que leía "Funeraria Hermanos Collins".

Josefina entraba al vestíbulo del edificio, de aspecto de colegio privado, cuando se topó con una señora de cachetes inflados y ojos pequeños y achinados. La mujer llevaba su cabello recogido en un elaborado moño embarrado de gomina y medio litro de laca que lo mantenía tieso como una palmera. Ni un torbellino lograría despeinarla. Aunque la mujer se veía seria, en sus modales se podía apreciar cierta afabilidad.

La señora saludó a Josefina con el mismo entusiasmo que usualmente muestra un anfitrión al recibir los invitados de su fiesta de cumpleaños.

—¡Hola, buenas tardes!

—Me llamo Josefina y vengo de parte de Ariana.

—¡Tú eres Josefina! ¡Qué gusto conocerte!– dijo la señora –Ven, pasa a mi oficina...Yo soy la dueña, Lisa Collins.

Josefina andaba tras ella paseando la vista por el espacio. Le resultaba refrescante ver que el sitio estaba bien amueblado y propiciaba un ambiente acogedor. Todo lo contrario a lo que Josefina esperaba. Sin embargo, la música de órgano de fondo daba honor a lo lúgubre del lugar y Josefina comenzaba a sentir el repelillo, que a su vez le provocaba una súbita piel de gallina.

—¿Siempre tienen esta música, señora? —preguntó Josefina.

—Sí, ayuda a mantener la seriedad que amerita la ocasión —respondió la señora Collins. –Me dijo Ariana que tienes experiencia trabajando en morgues y funerarias, ¿verdad?

—Sí, pero los entierros en mi pueblo son diferentes a los de aquí. En República Dominicana tenemos costumbres diferentes —explicó Josefina.

—No importa... De todas formas, habrá que adiestrarte. Primero quiero que llenes la solicitud; es para mantenerla en tu expediente. Luego te llevaré a conocer a Sammy "El coreano", así le llamamos todos, y a Violeta. Sammy embalsama los cuerpos y Violeta es la esteticista. Ella los arregla y los pone presentables para el velorio.

Josefina la miró extrañada.

—¿Esteticista?

—Sí, los cuerpos deben ser trabajados por una persona con experiencia y licencia especial —dijo la señora Collins entrando a su oficina. Josefina la seguía y comenzaba a arrepentirse de haber aceptado la propuesta de trabajar ahí. Por un segundo pensó que prefería limpiar veinte cocinas al día.

La señora Collins se sentó tras su escritorio dándole la solicitud de empleo y Josefina se las ingenió llenando el documento. Escribía sobre la experiencia que no tenía en compañías que no existían y de la señora Collins necesitar referencias, Josefina le daría el número de la hija del viejo. Había dejado el empleo en buenos términos y sabía que darían buenas referencias.

La señora Collins leyó el documento detenidamente.

—Ya veo que has trabajado en dos funerarias en Santo Domingo, pero ¿cómo podría comunicarme? No hay números de teléfonos —dijo la señora.

Josefina se encogió de hombros.

—Una de las funerarias se quemó y la otra la cerraron hace años —argumentó Josefina en tono resuelto. —Aunque, de todas formas, ninguno de los gerentes allí habla inglés. Llamarles no le serviría de mucho.

—Para nosotros las referencias son muy importantes —explicó la señora Collins. —Me imagino que tienes tu documentación al día. ¿Eres ciudadana americana?

—Sí, me hice ciudadana hace cuatro años. Si quiere referencias, puede llamar a la señora Goldberg. Ahí está su número de teléfono. Yo trabajé para ella por tres años cuidando a su padre.

—¿Y por qué dejaste el trabajo?

—Porque el anciano se murió. Hace menos de una semana —respondió Josefina.

—Era mayor, asumo —supuso la señora Collins.

—Sí, tenía como noventa años —afirmó Josefina.

—De todas formas, en lo que corroboro lo del anciano, quiero que hoy te quedes un rato, así podrás determinar si sería de tu agrado trabajar en este ambiente. ¿Qué te parece? —preguntó la señora Collins en tono compasivo.

Josefina asintió sonreída y salieron de la oficina hacia un pasillo. La señora Collins paró frente a un armario sacando de ahí un mameluco blanco y se lo dio a Josefina.

—Póntelo —dijo la señora Collins.

Josefina se lo echó encima y entraron a un cuarto con facha de cocina industrial. Las paredes vestían losas blancas ordinarias y, tanto el mostrador como la camilla, donde reposaba el cuerpo de una joven, eran de metal. Ese era el cuarto sagrado donde embalsamaban a quienes ya no tenían voz.

Josefina entró sin apenas dar un paso, y se apoyó contra la puerta observando a Sammy "El coreano". El hombre trabajaba sobre el cuerpo de una joven llevando la cara medio tapada por una mascarilla. Iba cosiendo las incisiones en las muñecas del cadáver con un tipo de hilo especial para esa labor. Su asistente, que era un joven pecoso, de contextura menuda y cabello pelirrojo, retiraba un tubito transparente, largo como manguera, que un rato antes habían insertado en el cuerpo de la joven a través de una incisión en el tobillo. Josefina le preguntó para qué era ese tubo y sintió fuertes retortijones de estómago al saber que era un conducto para drenar la sangre del cuerpo.

Sammy cerró esa última incisión y sacó una máscara del primer cajón de un armario de acero inoxidable y se la dio a Josefina.

—Póntela —dijo el chico. – La necesitas para respirar aire limpio.

—Los cadáveres sueltan un olor peculiar — le explicaba la señora Collins quien también se enganchó una mascarilla.

Josefina cerraba los ojos disimuladamente, y para no desmayarse comenzó a repasar sus estudios de esa misma mañana.

Tras drenar la sangre y coser las incisiones, Sammy y su ayudante dieron un duchazo a la chica manejándola como si fuera una muñeca de cera. La enjabonaron con un tipo de gel desinfectante con pigmento rosado que era especial para la ocasión. La señora Collins le explicaba a Josefina que el color del gel quedaría levemente plasmado sobre la piel y era especial para enmascarar la tez amarillenta, a la vez que neutralizaba la potente pestilencia que suelen despedir los cuerpos en proceso de descomposición.

Sammy arropó el cuerpo con una sábana blanca y, tras mostrarle a Josefina la variedad de productos para limpiar y desinfectar el cuarto, llevaron el cuerpo de la joven a un cuarto justo al final del pasillo. Josefina no sabía si debía atribuir la desagradable sensación de escalofríos al aire acondicionado o a la esencia tétrica que percibió en ese lugar.

La señora Collins le explicaba a Josefina cómo en ese cuarto se trabajaban los cuerpos preparándolos hasta dejarlos impecables para el velorio. Josefina contemplaba las numerosas repisas repletas de artículos de cuidado personal. Los cepillos estaban colocados sobre un anaquel, colocados en fila, inmaculadamente limpios, al lado de un envase de cristal donde tenían los peines sumergidos en líquido desinfectante color azul. En los otros compartimentos se encontraban los productos para el cabello y gran variedad de cosméticos.

Violeta, la esteticista, se presentó amigablemente intentando apaciguar la incomodidad que presentaba Josefina. La notaba intimidada y con la mirada ausente.

Violeta era una joven delgada, con piernas espigadas y cuello largo y con una joroba que estropeaba el porte de su elegante figura. Su rostro aterciopelado y blanco como tiza, resaltaba aún más por el contraste con su cabello azabache que llevaba amarrado, liberando su melena en una cola de caballo.

Violeta se sentó en una silla con ruedas y se desplazaba de un lado al otro del cuarto tomando y dejando productos mientras maquillaba el cadáver. La señora Collins les contó que la chica murió junto a su novio cuando chocaron el vehículo contra un camión de carga. Murieron en el impacto. A diferencia de la joven, el chico quedó tan desfigurado que su familia no tuvo más remedio que hacer velorio con ataúd cerrado.

Josefina le preguntó a la señora Collins si era necesario saber tantos detalles del difunto. La señora Collins le explicó que ella era amiga de la tía de la joven.

—Ya veo...– dijo Josefina y la señora Collins sonrió compasiva.

—Yo compartí con la joven en dos ocasiones —dijo la señora Collins. —Este trabajo tiene una manera peculiar de insensibilizar a las personas.

—¿Cómo se llamaba la chica? —preguntó Josefina sin saber por qué sentía la curiosidad de ponerle nombre a su rostro.

—Se llamaba Reyna —respondió la señora Collins, a la vez que ayudaba a Violeta, que vestía el cuerpo de la joven con un traje largo, color mostaza y de cuello alto, adornado con un lazo azul marino.

Sammy se esmeraba dando masajes a las manos de la chica y de verlo a Josefina se le hizo un nudo en la garganta.

—Observa y aprende —advirtió la señora Collins. —Pronto estarás ayudando a Violeta.

Josefina asintió y se sentó en una silla contra la ventana. Escuchaba a Violeta que contaba alguna anécdota sobre sus alocadas experiencias en su último viaje a la montaña. Según ella, la pasó fatal y admitía lo peligroso que resultaba manejar en la montaña, especialmente durante las temporadas de nieve.

Violeta hablaba como un periquito a la vez que aplicaba un tipo de base espesa que difuminaba con su brocha de forma cuidadosa, como quien pinta su primera obra de arte, retocando atentamente cada detalle.

A pesar del fuerte impacto contra el camión de carga, la joven no se desfiguró y solamente tenía un hematoma que manchaba su rostro con una sombra azulada, que iba desde la punta del mentón hasta el centro de la frente.

Violeta no había terminado aún de maquillar, cuando Sammy se la llevó arrastrando la camilla hasta el salón donde se llevaría a cabo el velorio. Josefina caminaba junto a Violeta, cargando el maletín de maquillajes.

Una vez allí, Violeta colocó el maletín en el suelo y el asistente de Sammy lo ayudó a trasladar el cuerpo de la camilla al ataúd. Era una hermosa caja de caoba hecha a la medida, y su interior forrado con sábanas de seda color vainilla.

Violeta tendió sobre el torso de la chica un tipo de mantel que simulaba un babero gigante, y terminó de maquillarla dejándola perfecta. Tras pintarle los labios, le arregló el cabello formando tirabuzones con la ayuda de unas tenazas.

Sammy terminó su labor con la joven uniendo ambos pies enganchando uno con la ayuda de un pincho de metal mientras Josefina acompañaba a Violeta al cuarto de maquillajes. Juntas limpiaron el área. Josefina se despojó el mameluco blanco con ganas de salir corriendo y, al caminar nuevamente hasta el salón, veía que comenzaban a llegar los arreglos y coronas florales. Estaba segura de que no podría trabajar en ese lugar. Se acercó a la señora Collins viéndola esmerada, colocando los arreglos. Josefina no tuvo que dar explicaciones, su cara hablaba por sí sola. La señora Collins la despidió de manera afable y Josefina salió del lugar sintiendo que se despojaba su espalda de un saco de brea mojada.

Esa misma tarde, Jacqueline vio a Jeff en su oficina y le facilitó el listado de sus bienes con Phil. Jeff le dio un vistazo y lo guardó en el expediente. Como Jacqueline era su último cliente, Jeff la invitó a cenar. Salieron juntos de la oficina y de camino al restaurante, se encontraron con Ariana. Para cenar, eligieron un restaurante italiano cerca del apartamento de Jacqueline. Por suerte, el restaurante se hallaba atípicamente tranquilo y pudieron conversar cómodamente.

—¿Crees que Phil se oponga a la propuesta? —preguntó Jacqueline.

—No lo sé– dijo Jeff– Razones tienes de sobra para no aceptar menos... Phil no tenía casa propia, cuando se casó contigo y ahora tiene varias. Gracias a tu herencia pagaste la hipoteca del apartamento. Está saldo, ¿no?

Jacqueline lo negó moviendo la cabeza.

—No está saldo, él sacó un préstamo poniendo nuestro apartamento como garantía —dijo Jacqueline.

—¿Y por qué lo firmaste? —inquirió Ariana.

—¿Qué se supone que hiciera? Phil me dijo que tenía que cubrir otros gastos, supuestamente estábamos atrasados con los pagos de la hipoteca de la casa de Los Hamptons.

—¿Y la casa de Los Hamptons? —le preguntó Jeff. –Está al día, ¿no?

—Sí, pero la puso a la venta hace un año. Que yo sepa todavía no se ha vendido.

—Me da la espina de que Phil ha estado planeando el divorcio desde hace un buen tiempo. Por eso sacó la hipoteca —argumentó Ariana mojando la cuchara en el tiramisú.

—Quizás —añadió Jeff. –Creo que lo que pides es bastante razonable. Pero mañana tendré que hacer un par de ajustes a la propuesta —concluyó el hombre y alzó la mano para pedir la cuenta.

—Lo menos que me puede dar es el apartamento.

—Tranquila, es hogar seguro de los chicos así que no creo que tenga inconvenientes. Lo que me extraña es que faltara a la reunión de esta mañana —confesó Jeff.

—¿Qué reunión?

—Habíamos quedado en vernos junto con su abogado; quería ver su oferta antes de presentarle la tuya. –dijo Jeff en tono de disculpa.

—¿Y qué te ha dicho?

—Él no me llamó, me llamó su abogado. Me dijo que Phil quería hablar conmigo pero que se sentía muy mal, no te lo quería decir.

—¿Crees que debo llamarlo?

—No.

—¿Cómo le vas a llamar? ¡Tiene una orden de alejamiento en tu contra! —soltó Ariana. –¡Qué se vaya al diablo!

—Me imagino que si algo pasara con los niños me lo hubiera dicho, ¿verdad? — dedujo Jacqueline.

—Sí. Por supuesto. –La alentó Jeff– No tiene nada que ver con los niños. Ya sabremos qué le ha pasado cuando aparezca... Tranquila.

—No te debe importar, Jacky —repitió Ariana. – ¡Mira todo el mal rato que te ha hecho pasar! ¡Todo lo que te ha hecho!

—Es el padre de mis hijos, si algo le pasa a él, mis hijos se verían afectados, Ari. Y ya, por favor. No quiero escuchar ni una palabra más si es para reprochar—la censuró Jacqueline.

Jeff pagó la cuenta y las acompañó hasta al edificio de Jacqueline antes de buscarse un taxi. Ariana y Jacqueline se despidieron de él con un abrazo y llegaron a la casa, tranquilas y sin hablar más del tema de divorcio, de Phil o sus problemas.

Jacqueline no cabía en sí de alegría sabiendo que por fin el próximo día vería a sus hijoa, s quienes ella no dejaba de extrañar y aún se sentía demasiado extraña sin ellos.

Esa noche, Ariana llamó a su hijo Charley varias veces pero él se mostró reacio a conversar, no quería hablar con ella. Ariana respetó su decisión y se acostó pensativa, sin comprender su animadversión. Su conciencia la sacudió repentinamente con recuerdos del pasado que secuestraban su memoria y pensaba en lo mucho que había trabajado para asegurar una vida de lujos y abundancia a su hijo.

Ariana yacía acostada con la vista perdida recapitulando momentos de su juventud cuando había elegido encontrar un dejar a su hijo con alguna amiga o por días enteros en algún cuido para poder irse de fiesta con colegas y amigos. Fue una madre alocada, emocionalmente ausente y ahora encaraba las consecuencias. Su recién adquirida sobriedad aclaraba su mente y por primera vez se rendía sin reparos ante un amargo sentimiento de culpabilidad.

El apartamento de Jacqueline permanecía en silencio y hasta el perro dormía cuando Josefina llegó pasada la medianoche. A pesar de su pobre manejo en el inglés pasó cada uno de los exámenes quedando entre las calificaciones más altas del instituto. Solo tendría que rendir un par de pruebas más y se graduaría del curso. El camino hacia una nueva vida iba tomando forma mientras el éxito en sus estudios nutría su autoestima, fortaleciendo el gran deseo de adquirir prontamente su propia independencia.

Capítulo 11

Ariana sintió de forma diferente la reunión de Alcohólicos Anónimos al próximo día. Precibía que las anécdotas de cada miembro en la reunión comenzaban a hacerle sentido y tuvo que admitir que quizás ella también padecía de ese mal. Durante la reunión, Ariana se animó a hablar compartiendo, como todos, sus más profundas inseguridades referentes al alcoholismo. Confesaba que habían sido demasiadas las veces en las cuales su abuso con la bebida la llevaron a vivir episodios impredecibles descarrilando su comportamiento. Al expresar que aún tenía dudas y que peleaba con esa línea de pensamiento, todos en el cuarto se echaron a reír en complicidad. Ellos también luchaban a diario con la esperanza de estar equivocados respecto a su enfermedad. Josefina, se le pegó al oído.

—Quizás ahora que de verdad tienes dudas, las reuniones de Alcohólicos Anónimos te hagan más sentido.

—No lo sé, pero de todas formas ya he sacado cita con tu doctor— susurró Ariana.

Ariana quería aprender sobre esa difícil condición y conocerse mejor. Ansiaba sentarse junto a un profesional que la ayudara a encontrarse a sí misma y le enseñara a lidiar con los retos de la vida sin necesidad de perderse en la embriaguez para anestesiar su dolor. Reconocía que la estadía con Jacqueline le brindó la tranquilidad que la asistió a tomar la pausa necesaria para reestructurar su nueva vida.

Al concluir la reunión, Ariana y Jacqueline se encaminaron al apartamento. Josefina se despidió de ellas diciéndoles que tenía que encontrarse con la hija del viejo.

Una vez en casa, Jacqueline se cambió de ropa a una más cómoda, mientras Ariana ayudaba a Donna con par de quehaceres en la casa cuando Jacqueline le acercó el celular a Ariana puesto que le entraba una llamada.

—¿Quién era? —preguntó Jacqueline al poco rato.

—¡Era mi amigo, el banquero!

—¿Qué te ha dicho?

—No sé, no contesté a tiempo.

—Ojalá y puedas conseguir ese trabajo que tanto querías. ¡Harías un dineral! —auguró Jacqueline.

—Yo también– contestó Ariana encaminada a su habitación para devolver la llamada. Jacqueline también recibió una llamada, era de su abogado. —Es Jeff, ¿puedes hablar?–dijo Jeff en tono de suspenso.

—Sí. ¿Qué pasa?

—Phil no viene hoy a la reunión, así que no te preocupes en llegar —dijo Jeff desanimado.

—¿Qué le ha pasado? ¿Está bien?

—No lo sé. Su abogado sólo me dijo que la está pasando mal. No tengo detalles.

—¿No tienes idea de qué le ha pasado?

—No sé, ya sabremos, mantente tranquila. A lo mejor se anime a pasar por la oficina más tarde.

–Y cómo vamos con mi caso? De veras que no quiero estar metida en estas reuniones de Alcohólicos Anónimos el resto de mi vida...–dijo Jacqueline en tono sermoneador.

—Creo que el juez va a levantar la orden de las reuniones compulsorias de Alcohólicos Anónimos, una vez cumplas con los noventa días.

– ¡Menos mal!– dijo Jacqueline agradecida. Aunque se estaba acostumbrando a su rutina mañanera, reconocía que las reuniones ya le comenzaban a caer pesadas.

Al rato Jeff le confesó que Phil lo había llamado esa mañana. Lo llamó sin su abogado y durante su conversación Jeff lo notó indeciso en cuanto al divorcio. Sin embargo, Jacqueline insistía en sentarse cuanto antes con Phil y su abogado para negociar los términos de la separación de bienes y custodia de los niños. Ella ya no tenía dudas de que su matrimonio no tenía arreglo. Jacqueline sintió gran alivio cuando Jeff le mencionó que Phil mandaría a los chicos a casa acompañados por un chofer esa misma tarde.

—¿A qué hora traen a mis hijos? —preguntó Jacqueline.

—A las seis, creo. Te llamo cuando estén de camino.

Jacqueline le agradeció su buena labor, y colgaron quedando en hablar tan pronto uno de los dos supiera algo nuevo de Phil.

Donna se dirigió a ella.

—¿Vienen los niños?

Jacqueline asintió con una sonrisa, y la miró con los ojos cristalizados de emoción. Donna la abrazó.

—Ya pronto pasará esta pesadilla, señora, ya verá que estará mejor cada día.

Al rato, Jacqueline acompañó a Donna de compras al supermercado. Quería asegurarse de que los niños tuvieran los antojos y meriendas que tanto disfrutaban. Jacqueline también se dio a la tarea de comprar varios juguetes, golosinas y "shampoo" para el perro de Josefina.

Ariana las esperaba en casa y, a diferencia de otras veces, en las cuales buscaba la excusa para prepararse un Martini o celebrar con una botella de champán, esa tarde celebraba la llegada de los críos brindando con una taza de café.

—Cuéntame, Ari. ¿Hablaste con tu amigo el banquero? —preguntaba Jacqueline, acomodando la compra en la despensa.

—Sí. Son buenas y malas noticias —dijo Ariana.

—¿Por qué?

—Resulta que tiene un socio que es parte de un grupo de inversionistas en un edificio en Nueva Jersey. El edificio es uno de unidades de alquiler y lo quieren convertir en cooperativa.

—¿Y?...

—La cuestión es que hay una pareja que son parte del grupo de inversionistas y son los únicos que no quieren dar el consentimiento de la conversión. Sin su firma el proyecto no va.

—¿Y qué tienes tú que ver con eso?

—Mi amigo habló con sus socios de mí. Les dijo que soy tan buena vendedora que, seguramente pueda convencer a esa pareja. Si consigo que me firmen el consentimiento mi amigo me daría la oportunidad de colocarme como gerente de ventas en su nuevo desarrollo de apartamentos. Están por construirlo en SoHo el mes que viene y en dos semanas abren la oficina para comenzar las ventas a precios de pre-construcción.

—¡Tremendo! ¡Vas a ganarte un dineral! —dijo Jacqueline.

—Eso espero, pero tengo que ir a Nueva Jersey mañana, a primera hora, con la excusa de estar haciendo una inspección en una de sus unidades. A ver si me encuentro con la pareja y les inspiro confianza para que firmen el dichoso papelito– dijo Ariana y agarró su bolso encaminada a la puerta.

—¿A dónde vas? —le preguntó Donna.

—Tengo cita con el doctor que me recomendó Josefina.– dijo Ariana viendo a Jacqueline que avanzaba hacia ella con un sobre en mano. Ariana lo miró extrañada.

—¿Qué es esto?

—Es la cuenta de la ambulancia de tu amigo William.

—Yo no voy a pagar esto —dijo Ariana guardando el sobre en la cartera. –Lo llamaré más tarde. Como última opción se lo mandamos por correo a la oficina... él lo tiene que pagar–concluyó Ariana y se marchó hacia el ascensor.

Jacqueline cerró la puerta y ayudó a Donna a limpiar el cuarto de su hijo mayor. Entre ambas sacaron las cosas de Josefina llevándolas al cuarto de Mark. Ariana y Josefina compartirían la alcoba por los próximos días.

Entre Donna y Jacqueline doblaron la ropa de Josefina sacándola de la enorme sábana, donde estaba amontonada.

—¿Dónde la guardamos? —le preguntó Donna viendo que Ariana se había apoderado del poco espacio en el armario.

—Espera, vengo ahora —dijo Jacqueline y anduvo a su cuarto. De allí sacó una maleta marrón y se la llevó a la habitación. Entre ella y Donna acomodaron la ropa de Josefina meticulosamente. Jacqueline colocó la maleta en una esquina de la habitación.

—¿Se la vas a regalar? —preguntó Donna.

—Sí, ¿por qué no?

Donna sonrió ante su generosidad sin estar del todo sorprendida. Jacqueline era desprendida y Donna cada vez se sentía más afortunada de trabajar para ella. Poco después, llegó Josefina y a Jacqueline le alegró verla más animada que en la mañana.

—¿Qué tal te ha ido con la hija del señor a quien cuidabas? —le preguntó Jacqueline.

—Muy bien —contestó Josefina y la tomó de la mano. —No sé cómo voy a agradecerte lo que me has ayudado.

—Tú también nos has ayudado, Josefina. ¡Mira a Ariana! Yo pensé que era un caso perdido y ahora está sentada frente al médico que le referiste.

—Si hace caso, le va a ir muy bien, Jacqueline—dijo Josefina y se sentó en la butaca de la entrada. —Tengo trabajo.

—¿Cómo que tienes trabajo? ¿Dónde? —inquirió Jacqueline sentándose a su lado.

— El cuñado de la hija del viejo está malito, le dio un derrame cerebral.

—¿A su hermano?

—¡No! Al hermano de su esposo, a su cuñado.

—¡Oh!

—Necesitan a alguien que se quede a vivir un tiempo con él en su casa para cuidarlo. Me van a pagar dos mil dólares al mes y no tengo que pagar renta ni comida.

—¡Me parece espectacular, Josefina! ¿Dónde vive?

—Un poco lejos. En un pueblo, por los Catskill, a una hora de aquí.

—Me imagino que en esa área necesitarás vehículo —supuso Jacqueline.

—Tengo la aplicación de Uber y como no tengo que salir a la calle a trabajar, me resultará más barato que comprar un auto. Además, no tengo licencia de conducir.

—¡Ah! Entonces, seguro que te va a encantar. ¿Qué vas a hacer con tu divorcio? ¿No has sabido de tu marido? —le preguntó Jacqueline.

—No sé nada y todavía no tengo abogado que me represente. Aunque eso no me preocupa. Me encargaré cuando reciba mi primer cheque —dijo Josefina despreocupada.

Josefina le anticipó que terminaría sus exámenes el viernes, y se estaría mudando el domingo, durante la mañana. Jacqueline le advirtió que no tuviera prisa, pero Josefina insistió. Quería comenzar su nuevo trabajo lo antes posible. Jacqueline le mostró la habitación de Mark y le enseñó la cama extra que estaba plegada bajo el colchón y salía como si fuera un cajón. Después le mostró la maleta, donde había colocado sus pertenencias de manera inmaculada, y le dijo que se la regalaba.

—Mira Josefina, espero no te moleste. Donna limpió la otra habitación y yo me tomé la libertad de doblarte las cosas y las coloqué en esta maleta.

Josefina avanzó hacia la maleta y la abrió.

—Gracias, ¡Me hacía falta una maleta!

—Ya lo sabía —dijo Jacqueline. —Por eso te la regalé. Hace años que no la uso, y ahora que te vas, no puedo dejarte salir de mi casa con las cosas envueltas en una sábana.

Ambas se echaron a reír y Josefina se lo agradeció de todo corazón.

Sabiendo ahora que Josefina se iría de su casa en un par de días, Jacqueline sintió que se liberaba de tremendo peso aunque no se lo mencionaría. Poco a poco todo iba cayendo en su sitio y comenzaban a correr los aires de normalidad en el hogar que tanto ansiaba y necesitaba.

Donna se metió en la cocina a preparar la comida favorita de los niños, que era pasta con queso americano y pechugas de pollo empanado. Mientras tanto, Jacqueline ayudó a Josefina a bañar al perro. Jacqueline le había tomado cariño al perrito y sabía que, cuando los chicos llegaran, se volverían locos con él pues siempre quisieron tener una mascota, pero Phil jamás lo permitió.

A eso de las siete de la noche, Jeff llamó a Jacqueline para decirle que los críos estaban terminando de cenar con Phil y pronto irían de camino. Ella estaba con Ariana y Josefina en la sala y todas en casa ansiaban ver a los niños. Hasta el perro se contagiaba de emoción, dando vueltas corriendo entre la sala y el comedor, luciendo su corto pelaje brillante y oloroso.

Durante la conversación Jeff le comentó a Jacqueline que un empleado de Phil había fallecido y por esa razón Phil no se había animado a cumplir con la reunión en su oficina.

Como los chicos estaban cenando, Jacqueline optó por servir lo que Donna había preparado y complementó la cena con una rica ensalada. Donna terminó de poner la mesa y les deseó buenas noches. Ariana, Josefina y Jacqueline disfrutaban un rato entre risas durante la cena.

—¿De quién será el velorio? —dijo Jacqueline.

—¿Que velorio? —preguntó Ariana.

—No sé, Phil ha estado actuando medio extraño y según me cuenta Jeff, se le ha muerto un empleado.

Josefina tomó un sorbo de agua y las miró con ojos grandes.

—¿Saben lo que está fuerte?– dijo Josefina como si fuera a compartir un secreto.

Ariana disparó la mirada hacia ella en suspenso.

—¿Qué?...

—Ayer, cuando fui a trabajar a la funeraria de tu amiga, la señora Collins, estaban preparando el velorio de una muchachita. Se veía tan jovencita, y era tan bonita, eso sí que me rompió el alma —comentó Josefina recordando a la joven en el ataúd.

—¿Sabes qué le pasó? —inquirió Jacqueline.

—La muchachita viajaba en el vehículo con su novio.

—¿Y qué pasó? —preguntó Ariana.

—Chocaron con un camión de carga —declaró Josefina en tono de chisme.

—¡Qué horror! No me digas que los dos murieron —inquirió Jacqueline en tono de suspenso.

Josefina asintió.

—Sí. La dueña de la funeraria la conocía, se llamaba Reyna…Que nombre tan extraño, ¿verdad? —comentó Josefina.

Al oír el nombre de la chica, Jacqueline y Ariana coincidieron miradas.

—¿Reyna? —repuso Jacqueline, con la boca medio abierta.

—Sí.

—Espera —dijo Ariana levantándose de la mesa y buscó su celular. Se sentó nuevamente con el celular en mano y se conectó a su cuenta de Facebook, la cual ella apenas usaba, exclamó:

—¡No, no puede ser la misma! — dijo pálida.

—No, sería demasiada coincidencia—observó Jacqueline.

Ariana le pasó el celular a Jacqueline. Jacqueline, se limpió las manos y lo agarró con la respiración en vilo.

—¡No lo puedo creer! —exclamó Jacqueline, retirando el plato hacia el centro de la mesa.

—¡Oh!, pero y ¿ese misterio?—profirió Josefina.

Jacqueline se levantó, corrió a su habitación y marcó a su abogado. No llegó a sonar tres veces cuando Jeff le contestó.

—¿Sí?

—Jeff, ¿sabes si la amante de Phil ha tenido un accidente de auto? —preguntó Jacqueline, sentada en la cama, con la respiración corta y el corazón palpitando con violencia.

—¿Qué? No entiendo —repuso Jeff. Sonaba sorprendido.

—La chica que lleva dos años saliendo con Phil, la universitaria que estaba haciendo prácticas en su oficina, ¿no se llamaba Reyna? —preguntó Jacqueline, con las manos temblorosas.

—Creo que sí. Pero, ¿quién te ha dicho eso?

Jacqueline llamó a Ariana a gritos desde su cuarto, Ariana se levantó del comedor y fue corriendo a la habitación de Jacqueline. Josefina la siguió.

—¿Estás bien? —preguntó Ariana.

—¿Cuál es su apellido? —gritó Jacqueline a Ariana.

Ariana ojeó la pantalla de su teléfono.

—¡Reyna Agosti! —dijo Ariana.

Jacqueline se lo repitió a Jeff y él guardó silencio—¿Hola? ¿Jeff, estás ahí? —inquirió Jacqueline.

—¡Sí, sí! —Respondió Jeff —Cuando llegue a casa haré un par de llamadas y te dejaré saber qué logro averiguar. No llames a Phil. Cuando los niños lleguen no hables del tema, no digas nada —la aconsejó.

Jacqueline asintió con un "sí" seco, y así ambos terminaron la llamada. Jacqueline se sentó en el borde de su cama pensativa y el rostro pálido.

—No lo puedo creer —presumió Jacqueline.

Josefina las interrumpió.

—Si esa tal Reyna era la novia de tu esposo, a lo mejor no es la misma porque la chica que se estrelló en el auto andaba con su novio.– dijo Josefina.

—Sin embargo, creo que esa Reyna era la amante de Phil. Me suena el apellido Agosti —supuso Jacqueline.

—Phil no se ha muerto. Te lo hubieran dicho —dedujo Ariana.

—¡Claro que no está muerto! —reafirmó Jacqueline. –Él habló con su abogado esta mañana y está cenando con los niños.

—Pues seguro que era otra Reyna —predijo Josefina. —Sería una casualidad muy extraña.

Ariana se acercó a ella sentándose a su lado.

—A lo mejor sí es la misma, y por eso estaba actuando tan extraño —retomó Ariana.

Jacqueline alzó la vista mirando a Josefina.

—Y tú, ¿cómo sabes que estaba con su novio? —le preguntó Jacqueline.

—Porque la dueña de la funeraria es amiga de la tía de la chica, y los conocía también, a ella y al muchacho.

—A lo mejor un empleado de la oficina de Phil falleció, y esa chica no es más que una coincidencia con el nombre de la última conquista de Phil —sugirió Ariana—A fin de cuentas, miles de personas mueren todos los días y seguro habrá más de una con el mismo nombre.

Jacqueline se levantó de la cama y fue al cuarto de baño.

—Entonces, lo más seguro es que estemos hablando de otra chica y no de la amante de Phil —infirió Jacqueline abriendo la llave de agua caliente. Ariana se acercó a la puerta.

—Que la amante de tu esposo se estrelle en un vehículo es un golpe de suerte un tanto envidiable.

—¡Por Dios! ¡No hables así!

—Perdóname, Jacky, pero digo lo que siento. El día que me muera me moriré sin nada adentro —decía Ariana, saliendo del cuarto. —Deberías aprender a hacer lo mismo antes que se te reviente una costilla, por aguantarte, por eso de tener buenos modales.

Jacqueline se echó a reír. Sabía que su amiga tenía razón. Entonces se metió a la ducha mientras que Josefina y Ariana volvieron al comedor retomando la conversación durante la cena.

—No creo que existan dos Reyna Agosti —propuso Ariana.

—Pero, ¿dónde te metiste para ver el nombre? —le preguntó Josefina.

—En su cuenta de Facebook —respondió Ariana.

—Si fuera la misma, alguien hubiera puesto algún comentario en su muro, ¿no?

—Lo tiene privado —aclaró Ariana. –Mañana sabremos.

Al rato llegaron los hijos de Jacqueline, y ella los recibió con llantos de alegría. Jacqueline se vistió casual para recibirlos esa noche y se había secado el pelo esmeradamente para que los críos la vieran arreglada. Tras caricias y besos de emoción, Jacqueline les mandó a llevar sus maletas a la habitación de Phil Jr. Randy los había llevado y aún permanecía a la entrada del apartamento apreciando la escena. Sin embargo, su presencia sólo lograba amargarle a Jacqueline el maravilloso reencuentro y él la notó incomoda.

— Señora, ¿todo bien?

—¿Y a ti, qué diablos te importa? —le espetó ella. —Vete de mi casa, y la próxima vez que traigas a los niños, los dejas en la recepción. No quiero que vuelvas a poner un pie en mi casa.

La nueva actitud de Jacqueline, quien siempre fue insegura y dócil hasta pecar de tonta, sorprendió a Randy. Sabía que por apoyar a Phil, la había traicionado y se sintió avergonzado. Sin encontrar qué contestarle se marchó.

Ariana sonrió orgullosa. Jacqueline había cambiado. No era la mujer débil que solo un mes atrás se deshacía por buscar la validación de su marido o de cualquiera de sus empleados.

—¡Ven, dame un beso! —le dijo Jacqueline a su hijo más pequeño, a quien notaba diferente y más cohibido que el mayor.

— Por fin, ¡voy a dormir en mi habitación! —exclamó Phil Jr., arrastrando la maleta a su cuarto.

—Vas a compartir el cuarto con Mark por unos días —le aclaró Jacqueline.

—¡Pero, mamá! —protestó el chico.

—No quiero quejas —recalcó Jacqueline. —Ariana se está quedando con nosotros por unos días y no vamos a hacerla dormir en la sala — puntualizaba Jacqueline, sacudiéndole el cabello a Mark, quien ahora la abrazaba cariñosamente.

Phil Jr. asintió resignado y abrió la puerta de su habitación. Entonces, se le transformó el semblante al ver a Nono que salía corriendo por el pasillo hasta llegar frente a Mark, como si le conociera de toda la vida.

—¡Un perrito! — voceó el niño tirándose al suelo con el perro que sacudía la colita de emoción.

—¿De quién es? — dijo Phil Jr.

—Es de mi amiga Josefina —dijo Jacqueline, señalando a Josefina, que en ese momento recogía los platos del comedor.

Esa noche, Jacqueline les prohibió hablar de la separación entre sus padres. Quería saber qué habían hecho y cómo les iban las clases y actividades en el colegio. Mark la sorprendió con una gran mejoría en todas sus calificaciones. Era evidente que el chico tomó la promesa de su madre en serio, ansioso de comenzar sus clases de equitación.

—Está bien—aceptó Jacqueline. –Pero tienes que mantener tus notas.

El mayor de los críos preparó una enorme vasija de palomitas de maíz y todos disfrutaron la noche viendo películas. Ariana observaba como los hijos de Jacqueline se veían tan apegados a ella, que por un instante sintió envidia. Sin embargo, disfrutó junto a ellos la velada, esperanzada en un día compartir momentos similares con su propio hijo.

Capítulo 12

A la mañana siguiente, tras regresar de la reunión mañanera, Ariana se cambió de ropa cambiando sus "jeans" por un traje de chaqueta.

—¿A dónde vas a esta hora? —preguntó Jacqueline, curiosa, preparando la agenda del día.

—Tengo que ir a Nueva Jersey —respondió Ariana.—Con suerte podré convencer a esa pareja de que firmar el consentimiento para convertir el edificio en cooperativa.

—¿Y si no lo firman? —supuso Jacqueline.

—Ya veré que hago.

—Si con eso, tu amigo el banquero te garantiza un trabajo en los apartamentos de SoHo... ¡Yo me llevaría una pistola! —replicó Jacqueline en son de broma.

—Ja, ja, ja, ganas no me faltan, pero creo que los podré convencer —repuso Ariana y se echó a andar.

Al rato, Jacqueline ya estaba con los niños en una tienda de aparatos electrónicos y los chicos se perdían buscando algún videojuego. Tras jugar un rato con los monitores de prueba, Mark avanzó hacia ella, que se disponía a pagar un par de películas y juegos de los cuales Phil Jr. se había encaprichado.

—¡Yo quiero pizza! —clamó el niño.

—Acabamos de desayunar hace menos de dos horas —le argumentó Jacqueline. Phil Jr. agarró la bolsa con dos juegos de guerra que a Jacqueline no le agradaban. Sin embargo, dado el drama que vivieron las pasadas semanas, Jacqueline no quiso imponerse y prefirió complacerlo. Salían de la tienda cuando Jacqueline recibió la llamada de su abogado. Ella esperaba su llamada desde la noche anterior.

—¿Todo bien, Jeff? —preguntó Jacqueline.

—Sí. ¿Puedes hablar? —dijo Jeff en tono de suspenso.

—Ahora mismo estoy montándome en un taxi, estoy con los niños.

—Está bien. Sólo para que sepas. La chica por la que me preguntaste anoche, Reyna...

—¿Es la misma? —interrumpió Jacqueline.

Pasó un momento de silencio hasta que Jeff lo rompió.

—Sí–dijo cortante– es la misma. La chica falleció la semana pasada en un accidente de auto.

—Sinceramente, la llegué a odiar, pero no me alegro de su muerte. Lo siento mucho por su familia.

—Eso no es todo...–dijo Jeff.

—¿Cómo que no es todo? Phil está bien, ¿no?

—Sí —contestó Jeff, —pero tengo que contarte algo muy delicado. Cuando llegues a tu casa me llamas, así te cuento con detalles.—Agregó él y con eso terminaron la llamada.

Jacqueline no perdió tiempo y llamó a Ariana tan pronto colgó la llamada con Jeff.

—¿Hola?

—Ariana, es la misma Reyna —dijo Jacqueline.

—¡No! ¿En serio? —inquirió Ariana entrando al edificio en Nueva Jersey.

—Sí, Jeff me lo acaba de confirmar.

—¡Las vueltas que da la vida! Eso es Karma.

—No digas eso– la censuró Jacqueline–De veras me siento muy mal por Phil y la familia de la chica, deben estar destruidos.

—No te sientas mal por la chica, no tuviste nada que ver —profirió Ariana. – Hablemos de esto en tu casa. Acabo de entrar al edificio.

Jacqueline le deseó suerte y colgaron quedando en verse en casa más tarde.

Una vez en el piso correspondiente, Ariana salió del ascensor, y buscó la dirección exacta hasta que dio con la unidad. Entonces, tocó el timbre. Iba prejuiciada, pensando que seguramente la pareja no serían del todo agradables con ella. Una mujer alta, mulata, le abrió la puerta. Su pelo marrón oscuro era tan seco como una escoba de paja.

—¡Hola! — saludó la mujer de piel oscura y nariz de cotorra. —Soy Marta, bienvenida —saludó la señora extendiéndole la mano.

Ariana la saludó de la misma manera y entró ojeando el apartamento. Éste gozaba de una decoración sofisticada con modernos muebles blancos y lámparas sencillas.

—Tienes un apartamento precioso —apreció Ariana.

—Gracias, ahora mismo lo tenemos dispuesto para renta a corto plazo —dijo la mujer.

—Sí —asintió Ariana. —Ya mi jefe me ha dicho que usted y su marido son parte del grupo de inversionistas del edificio. —dijo Ariana.

La señora asintió moviendo la cabeza.

— Hemos sido afortunados, la ganancia en alquileres ha sido una maravilla—dijo Marta e invitó a Ariana a sentarse en el sofá.

Ariana soltó el bolso sobre la mesa y se sentó a sus anchas. La mujer se sentó en una butaca a su lado.

—Me dice mi socio que usted y su esposo no están de acuerdo en que conviertan el edificio en cooperativa, ¿por qué? —preguntó Ariana.

—Mi esposo dice que las cooperativas ponen muchos peros y reglas a la hora de aprobar las ventas de nuevos compradores. Inicialmente podríamos tener ganancias al vender, pero alquilar, según mi esposo, tiene más ganancias a largo plazo.

—No sería mala idea venderlo—propuso Ariana. –El mercado está a favor del vendedor en estos momentos. Seguro le sacarían provecho.

—A mí personalmente no me molestaría salir de esto, pero la última palabra la tiene mi esposo.

—¿Cree que le interesaría el cambio a cooperativa les diera una ganancia generosa? —le preguntó Ariana mientras sacaba de su bolso una bitácora y comenzó a tomar notas.

—Quizás —repuso Marta. —Mi esposo está envuelto en varios negocios y a lo mejor le interesa liberarnos de esta deuda. Las propiedades para arrendar a veces son un dolor de cabeza...¡Ah, ahí está el jefe de la casa! —exclamó Marta y, con un gesto de la mano, señaló a su esposo que entraba por la puerta del balcón a la sala. Ariana se levantó para saludarlo y, al verlo de frente, se quedó paralizada con la boca abierta. Él alzó la vista y al verla también se quedó de piedra. Era William, y su esposa procedió a presentarlos, ajena a sus gestos.

—Mi esposo, William— dijo ella.

Ariana forzó una sonrisa intentando esconder el elemento de sorpresa. Lo saludó con un sutil gesto de mano y se sentó.

La esposa de William notó entonces que él se había quedado frío ante la introducción y no le contestaba el saludo.

—¿Algún problema? ¿Se conocen? —preguntó la mujer con la vista pegada a su marido.

—¡No! — le contestó Ariana auxiliando al hombre de la situación.—Creo que no, pero su cara me resulta familiar —comentó Ariana, sin quitarle el ojo a William mientras éste andaba ahora directo a la cocina en busca de un vaso de agua. En breve volvió a la sala.

—No creo conocerla, disculpe...William Herron, es un placer...— dijo él.

—El gusto es mío —respondía Ariana, sintiendo el cosquilleo de nervios en el estómago.

Marta recibió una llamada al celular y tras contestar, se excusó con Ariana.

—Vengo enseguida, éste es mi hijo que recién se mudó a los cuartos de la universidad — dijo Marta, y se metió en una de las habitaciones.

Ariana avanzó hacia William.

—No voy a perder mi tiempo contigo —dijo Ariana.

—¿Qué? Me estás siguiendo, ¿o qué? —dijo William en tono defensivo.

—¿Así que separado? —ironizaba Ariana en tono sarcástico.

—No voy a hablar de mi vida privada ahora —se defendió William. —No tengo por qué hablar contigo de mis asuntos personales.

—¡Te voy a decir algo, charlatán! —le susurró amenazante Ariana. —Por hombres como tú, es que mujeres decentes pierden todo el respeto al compromiso. ¡Vagabundo!

Aunque Ariana no tenía apego alguno hacia William, el haberle creído tan siquiera una cuarta parte de sus mentiras la arrastraba a revivir el odio que sintió al descubrir las mentiras de su esposo Carlos. William sabía que ella tenía razón, y aunque él nunca le prometió la oportunidad de una relación formal, sabía que había fallado. La verdad era que William, a menudo, salía buscando aventuras relámpago, para después llegar a casa como un santo, ante la esposa que a tantas mujeres negaba.

—Vete de aquí —dijo William.

—¡Sí, claro que me voy! Pero sólo te voy a decir que tienes veinticuatro horas para que me firmes la aprobación de la propuesta de la junta.— amenazó Ariana y sacó un sobre de su cartera, dispuesta a dárselo. Justo en ese instante, la esposa de William salió del cuarto y entró a la sala.

—¿Bueno, y?... ¿En qué quedamos? —preguntó la mujer despistada.

—Creo que su esposo, al igual que mi jefe, entiende perfectamente ahora más que antes, que lo mejor sería convertir el edificio en cooperativa.

—No entiendo— dijo la mujer mirando a William.

Ariana avanzó hacia ella sonreída.

—Resulta que su esposo me acaba de decir que está de acuerdo en firmar el documento a favor de la conversión de este edificio.

—Bien, ¿nos dejaría los documentos? Tenemos que corroborar los detalles del acuerdo con nuestros abogados. —propuso Marta.

—No creo que esté seguro de querer hacer la conversión —repuso William.

—¡Piénselo! —Le conminó Ariana, —debe discutirlo con su esposa. ¡Tome! —dijo Ariana sacando un sobre de su cartera.

—¡Oh, disculpe! —Dijo Ariana—¡Qué tonta soy! Ésta no es mi tarjeta de presentación... ¿Qué hago yo ofreciéndole este un recibo de ambulancia? —dijo Ariana sonriente. William supo de inmediato qué recibo era y de qué se trataba. Sin cruzar más palabras con Ariana, supo que lo cacheteó con chantaje y si no firmaba el documento, Ariana lo expondría ante su esposa.

William avanzó hasta la puerta de entrada.

—Está bien señora, gracias —dijo él con la voz temblorosa. –Revisaré la propuesta si me la manda por correo electrónico— dijo él.

—Le diré a mi jefe que usted firmará el documento de aprobación de la propuesta tan pronto su abogado coordine reunión. De todas formas, me aseguraré que reciban el documento antes de mañana en la tarde. ¿Les parece? —dijo Ariana.

—Sí, buenas tardes—le contestó él.

Ariana salió triunfante del apartamento y como la oficina de su amigo abogado estaba en el área, Ariana aprovechó su visita por la zona y lo llamó. Quedaron en almorzar en un café no muy lejos de ahí. Se encontraron en el lugar acordado y conversaron un rato mientras disfrutaban de unos ricos bocadillos. Ariana le contó sobre su experiencia con William, y le comentó que verlo esa tarde en el apartamento con su esposa le había caído como un balde de agua fría.

—¿Cómo hay hombres que dicen estar separados o divorciados? ¿Cómo lo logran? Su astucia es impresionante —comentó Ariana.

—Los hombres que ganan un buen sueldo tienden a ser más infieles —le dijo su abogado pagando la cuenta.

—¿Por qué crees? —le preguntó Ariana.

—Porque tienen los recursos para hacerlo —respondió él. —Fácilmente se inventan un viaje de negocios, aprovechando que la esposa está ocupada con los niños. A veces ellas mismas se lo permiten, haciéndose de la vista larga.

—Hasta que les lleven a casa una enfermedad. Eso seguro que las hace reaccionar.

—A veces, ni eso les detiene —agregó él.— Solamente la demanda de divorcio. Porque de hecho, son usualmente las mujeres quienes tienden a presentar las demandas.

—No te creo.

—Créeme, soy abogado de familia. De diez divorcios, ocho los inician las mujeres.

—¿Por qué crees que es así? —le preguntó Ariana.

—Porque a los hombres les gusta la comodidad y la estabilidad de un hogar, pero a la vez les gusta la aventura en la calle. A fin de cuentas somos depredadores y nos encantan los retos... Por eso —razonó el hombre.

Ariana y su abogado salieron de la cafetería. Ya su abogado había llamado a una compañía de transportación para Ariana y se quedó con ella hasta que el taxista llegó, en menos de diez minutos. Ariana le abrazó despidiéndose cálidamente sin soltar el sobre de manila que él le había dado minutos antes.

—No sabes cuánto te agradezco todo lo que has hecho por mí —le dijo Ariana.

—No he hecho nada, Ariana. Tu divorcio no ha sido tan complicado. Lee bien los documentos y, si estás de acuerdo con lo que Carlos te ofrece, me los traes a la oficina para que los firmemos lo antes posible.

—Te llamaré si acaso tengo alguna duda —le dijo ella.

—Por favor.—Le contestó él.

Ariana se montó en el vehículo negro de cristales oscuros que minutos antes llamó su abogado y al alejarse, él se despidió de ella desde la acera, con un gesto de mano. Ariana llegó al apartamento y se metió en su cuarto. Se tiró en la cama boca abajo con el montón de papeles que iba leyendo detenidamente y le sorprendió ver que Carlos le ofrecía mucho más dinero por su participación como dueña de la casa de Forest Hills. Ni ella ni su abogado anticiparon su actitud desprendida y Ariana concluyó que Carlos quería cerrar el capítulo de su matrimonio con ella en buenos términos. A fin de cuentas, tenían un hijo en común y con el tiempo tendrían que verse las caras o, al menos, conversar. La idea de ser una mujer divorciada le provocaba ansiedad aunque sabía que hacía años vivían una rutina, sin amor o felicidad.

Jacqueline llegó a casa con los niños revolucionando el espacio, y las risas de los críos despertaban el ambiente. Hasta el perro corría desde la sala hacia la entrada buscando atención.

Al oírles llegar, Ariana salió del cuarto.

—¡Hola, Jacky! Tenemos que hablar... ¡No vas a creer con quién me encontré hoy! — dijo Ariana.

Jacqueline soltó la compra censurando a los niños que se habían tirado al suelo para jugar con el perro.

—Chicos, ¡a la ducha! —dijo Jacqueline. —Voy ahora contigo Ari... déjame poner orden que llevan toda la tarde revueltos y me están volviendo loca.

Phil Jr. fue a su cuarto y Jacqueline llevó a Mark de la mano al baño. Le preparó la bañera antes de buscarle el pijama y lo colocó sobre el mostrador de granito.

Jacqueline fue a su cuarto y Ariana la siguió.

—¿Sabes de quién se trataba? —dijo Ariana, sentándose en la cama.

—¿De quién se trataba qué?

—La pareja que estaba dando lata con el tema de la cooperativa —dijo Ariana.

—No sé, pero dime, ¿de quién se trataba?

—¡De William! —soltó Ariana con un chillido y se echó a reír a carcajadas.

—¡Qué! —exclamó Jacqueline incrédula.

—¿Y sabes qué? ¡El muy desgraciado está casado y bien casado!

—Pero nos había dicho que estaba separado, no divorciado ¿por qué dices eso?

—Durante la cena me dijo que se estaba divorciando, y hoy estaba con su esposa... Créeme, no aparentaban estar separados ni parecía que tuviesen problemas entre ellos. Me hubiese gustado que vieras la cara que puso el hombre cuando me vio.

—Ja, ja, ja, con la experiencia que tuvo contigo, seguro asumió tu llegada repentina como un desastre.

—Me dijo que me fuera, ¡estaba sudando de nervios!– dijo Ariana entre risas.

—Ariana, lo mandaste a sala de emergencias con un candado en el pene. Creo que cualquier hombre, después de eso, te miraría con el mismo ánimo...

—De todas formas, le dije que va a firmar la aceptación de la propuesta de la junta para la conversión a cooperativa.

—¿Qué te hace pensar que lo va a firmar?

—No sé, pero le dije que si no me lo firmaba le entregaría a su esposa el recibo de la ambulancia.

—¡Ariana, eso no se hace, eso es chantaje! Deberías ser mejor persona.

—No me interesa ser mejor persona, me interesa conseguir el documento firmado —aclaró Ariana levantándose de la cama —Además, no estoy haciéndolo firmar su sentencia de muerte.

Jacqueline sacudía la cabeza ante los comentarios de Ariana a la vez que salía de su habitación.

—Hablamos en un rato, déjame contestar esta llamada.—dijo Jacqueline tomando el celular. Entraba llamada de Jeff.

Ariana también salió de la habitación y se metió en la cocina. Josefina había llegado y, como sería su último día en casa de Jacqueline, quiso prepararles una cena de las suyas como gesto de agradecimiento por su hospitalidad.

Jacqueline habló con Jeff, quien le contaba cómo Reyna, la amante de Phil, no había sido precisamente una joya. Phil había comprado un apartamento a su nombre, pero Reyna no quiso que Phil se mudara con ella mientras no finalizara su trámite de divorcio con Jacqueline.

—No entiendo, Jeff —dijo Jacqueline. —¿Phil le compró un apartamento y no quería vivir con él?

—Sí, se lo compró en el área de Gramercy Park y hace un par de meses Reyna lo puso a la venta. Phil se acaba de enterar de eso hoy.

—¿Y ahora?

—El apartamento pasará a la familia de Reyna, dado que ella tenía un seguro de vida protegiendo la hipoteca. Phil no puede reclamar nada, ya que él no está en el título de la propiedad, solo le sirvió para darle quinientos mil dólares y su firma como garantía en la hipoteca.

—Pero le compró el apartamento con nuestro dinero —añadió ella.

—Sí, pero de todas formas, esa cantidad se la podremos deducir de su porción de la división de bienes. Phil está destrozado, se siente como un imbécil. Dice que no entiende cómo pudo perder la cabeza de esa manera por esa chiquilla.

— ¡Que se vaya al diablo! — expresó Jacqueline indignada. —Me parece bien que pierda medio millón de dólares, incluso, me parece poco.

—Jacqueline, no entiendes —repuso Jeff. —Reyna puso el apartamento a la venta sin decirle nada. Parece que quería comenzar una vida con su novio y ese novio no era Phil.

—¿Qué novio?

—Ese chico con quien iba en el auto, Reyna lo conoció en la universidad y llevaban unos años juntos. Tal parece que ambos le estaban haciendo una buena jugada a Phil. Por dinero, típico —explicó él.

—Por eso Reyna no quería que se mudara con ella, ahora entiendo —dijo Jacqueline atónita.

Jacqueline sintió odiar a Phil, pero en ese instante sintió lástima por él. Algo le decía que, aunque Phil había cometido errores imperdonables, quizás la experiencia lo haría cambiar y si eso sucediera quizas podrían pensar en la posibilidad de una reconciliación. Por un momento la embargó la idea de dejar el resentimiento a un lado y perdonarlo. La mente le daba vueltas intentando sacarle sentido a esa guerra interna.

—¿Estás ahí? —indagó Jeff, tras el momento de silencio.

—Sí, sí, estoy aquí. ¿Cómo está Phil? —le preguntó Jacqueline.

—Qué bien que me preguntas. Quiere verte y hablar contigo, pero no en mi oficina, Jacqueline. Le noté arrepentido. A lo mejor, podemos poner los papeles del divorcio a un lado en lo que te sientas y conversas con él. Quién sabe y quizás el divorcio no sea el recurso más efectivo. Tú me dirás —comentó Jeff en tono cómplice.

—Si tanto quería verme, ¿por qué canceló la cita en tu oficina?

—No quiere verte en la oficina —recalcó Jeff.

Tras un momento de pausa, Jacqueline expresó inquietud, cuestionaba si Phil en realidad era sincero y tenía esperanzas de arreglar su matrimonio.

—Voy a hablar con él–le dijo Jeff–Te llamaré mañana temprano.

–¿Qué te parece si le dices que planee algo temprano? Quiero verle también, saber cómo está, y hablar con él.

—Bien, mañana te llamaré antes del mediodía. Que descanses —dijo Jeff.

Concluyeron la llamada, y Jacqueline cenó junto a sus hijos y amigas. Una vez los niños se acostaron a dormir, Jacqueline, Ariana y Josefina se sentaron en la sala a ver televisión.

Jacqueline y Josefina reían a carcajadas con las anécdotas de Ariana de ese día. Les decía cómo William se tornó blanco de horror, de tan solo verla junto a su esposa. Josefina le dijo que siempre había dudado de él; y les confesó que su experiencia en la vida le había enseñado cómo las personas o problemas nunca llegan por equivocación. Aunque no veamos el propósito al momento, siempre las personas que más amargura nos provocan traen algún tipo de lección. Jacqueline y Ariana sonrieron conscientes de que las experiencias que ambas habían vivido esos días, era más que razonable estar de acuerdo con ella, y le dieron la razón.

Capítulo 13

Al día siguiente, Ariana y Jacqueline despedían a Josefina intentando ocultar su tristeza. En el poco tiempo que compartieron habían creado fuertes lazo de amistad y memorias tan agradables, que sabían que iban a extrañarla.

Los niños se habían despertado con los ruidos y la escapada del perro, que corría como demente ladrando por la sala, y se frotaban los ojos desganados y con los hombros caídos.

Josefina tomó la bolsa de plástico en la que guardaba los pocos juguetes del perro y abrazó a Jacqueline, que la aguardaba en la entrada, aguantando la cadena de Nono, que no paraba de dar vueltas atento a los críos.

—Has hecho tanto por mí sin conocerme. Te deberé favores por toda la vida —dijo Josefina.

—No es nada. Quiero que sepas que cualquier cosa que necesites puedes contar conmigo —le expresó Jacqueline.

Josefina se despidió con abrazo, tomando la cadena de Nono, pero, al abrir la puerta sintió el jalón del perro que intentaba entrar de vuelta a la casa. No se quería ir. Josefina colocó la bolsa de plástico, con sus juguetes y comida, en el suelo y se acercó a Jacqueline.

—Sabes, no sé cuánto tiempo podría tener a Nono conmigo en mi nuevo trabajo —le susurró. —Tus hijos le han tomado tanto cariño, que no me quiero imponer, ni mucho menos, pero, ¿te gustaría quedarte con él? —le propuso Josefina, con cara de asustada, sin saber qué reacción esperar.

—¿Qué dices? Nono es tuyo, no me atrevería —le respondió Jacqueline con sentimientos encontrados. Los chicos se acostumbrarán a estar sin perro. Total, nunca han tenido uno.

—No te lo quería comentar, pero en un par de meses comenzaré clases de inglés para retomar estudios de enfermería el año que viene.

—¿Qué quieres decir? —le preguntó Jacqueline. Los niños escuchaban atentos y presentían cuál sería su propuesta.

—Tengo que dejar a Nono con alguna familia. Nada me haría más feliz que dejarlo con ustedes. Sé que lo van a cuidar bien y estaría mejor que con cualquier extraño. Yo no voy a tener mucho tiempo para él... Entre las clases y mi nuevo trabajo—casi rogó Josefina, mirando al perrito.

Los niños saltaban frente a su madre ansiosos, tirando de las mangas de su bata. Jacqueline no estaba en las de adoptar perros, pero, al ver la felicidad que irradiaba de los ojos de sus hijos, sintió la necesidad de complacerlos. Ésta sería la primera decisión que tomaría sin importarle un pepino la opinión de su esposo. El más pequeño de los niños la empujaba insistente.

—¡Sí, mamá! ¡Por fa…! —pidió el niño. —¡Gracias Josefina! ¿Sí, mamá? ¡Déjame quedarme con Nono!

—¡Sí, mamá! Ya papá no está en casa. Ahora no nos puede prohibir tener un perro —dijo Phil Jr.

Jacqueline les miraba de reojo y sonreía indecisa, cuando Ariana intervino para apoyarlos en sus ruegos.

—¡Vamos, Jacky! —la empujó Ariana. —De hecho, creo que quizás una mascota pueda ayudar a los niños en el proceso del divorcio... Dicen que las mascotas ayudan muchísimo a los niños a lidiar con cambios traumatizantes. ¡Ahora que te estás divorciando, creo que les vendría de maravilla reemplazar un perro por otro! Al menos Nono es más simpático que Phil... —dijo Ariana en son de chiste y se echaron a reír.

Jacqueline veía a sus hijos, enredando sus esperanzas en el suspenso de una respuesta a su favor. Entonces, Jacqueline accedió.

—Está bien. —dijo ella.

Los niños saltaron de alegría y Josefina se sintió aliviada de quitarse la responsabilidad de una mascota.

—Pero hay una condición —advirtió Josefina. Los niños, que estaban en el suelo jugando con el perro, alzaron la vista escuchándola atentos.

—Quiero venir a ver cómo lo cuidan aquí. Sólo de vez en cuando, ¿trato hecho?

Los niños asintieron risueños y Jacqueline se alegraba por ellos. Darle la bienvenida a una mascota en casa era la primera decisión que Jacqueline había tomado en mucho tiempo, sin tener que darle explicaciones a Phil.

Josefina salió del apartamento encaminada a conquistar nuevas ambiciones: un trabajo de mayor remuneración y un mayor nivel de estudio. Sabía que tenía ahora un buen par de amigas con quiénes contar y eso le daba cierta seguridad.

Ariana ayudó a Jacqueline a hacer un desayuno variado de revoltillo, tostadas, "pancakes" y panecillos con mermelada y todos disfrutaron la gran variedad de un rico desayuno.

Ese domingo, por lluvioso, hacía el ambiente idóneo para tirarse con cobijas en el sofá y ver películas. Los chicos prefirieron ver las películas de Batman y Ariana disfrutaba de su compañía. Los consideraba sus sobrinos y con Jacqueline se sentía en familia. Ariana comenzaba a disfrutar de una vida plena, apreciando cada instante de conciencia que brindaba una vida sobria.

Al mediodía, Phil Jr. se levantó a cambiar el "diskette" y disfrutar la segunda película del día, cuando entró una llamada al teléfono de la casa y Jacqueline lo contestó. Era Jeff. Jacqueline se echó a andar a su cuarto con el teléfono en mano.

—¿Qué pasa, Jeff? ¿Hablaste con Phil?

—Sí —contestó él —Quiere almorzar contigo hoy, si puedes.

—¿Hoy? Estaba viendo películas con los niños.

—Si quieres le digo que no puedes y lo ves en mi oficina. Ya le dije que no creía que sería buena idea —añadió Jeff.

—¡No! —respondió ella. –dile que sí. ¿Dónde?

—Él me dijo que se encontraría contigo en Le Cirque, a la una. Déjame saber y le mando ahora mismo un mensaje de texto.

Jacqueline ojeó al reloj en su mesita de noche. Ya eran las doce y quince.

—Está bien —aceptó Jacqueline. —Dile que lo veré allí.

—Bien, se lo diré ahora mismo.

—¡Jeff!

—¿Sí?

—Le Cirque es mi restaurante favorito —agregó ella.

—Lo sé —reconoció Jeff.

—Ese es el restaurante donde Phil y yo solíamos celebrar todos nuestros aniversarios–concluyó ella en tono melancólico.

—Espero que hablen y logren entenderse. Si necesitas algo, me llamas. Sabes cómo es esto —advirtió Jeff con un tono más de un hermano mayor que el de un abogado.

Jacqueline habló con Ariana y ambas acordaron que no le dirían nada a los niños sobre su encuentro con Phil. A fin de cuentas, ella no tenía claro con qué actitud llegaría él o qué le ofrecería. Los niños se quedarían con Ariana viendo películas. Jacqueline se arregló entusiasmada de ver a Phil. Dio color a su rostro con maquillaje liviano y dejó su ondulado cabello suelto. Se vistió con un vestido negro largo, de cuello alto, y unas botas de tacón corto luciendo su elegante estilo de manera espontánea.

Dado el clima esa tarde, Jacqueline prefirió tomar un taxi y llegó al lugar, que estaba sorprendentemente lleno, en comparación a otros domingos. Tan pronto entró, Jacqueline saludó a la chica en la recepción del elegante restaurante, quien ya la conocía. Enseguida la llevó a la mesa de Phil, que la esperaba tomando una mimosa. Phil vestía de "jeans", jersey de cachemira, de cuello alto y negro, que combinó con una chaqueta de lana y seda color verde olivo. Se saludaron como haría una pareja extraña en su primera cita, y tras sentarse, Jacqueline se atrevió a empezar la conversación. Lo percibía nervioso y decaído.

—¿Cómo estás, Phil?

—Bien, ¿cómo has estado tú? —dijo él, sin mirarla a los ojos.

—Con la trastada que me hiciste con los chicos, ¿cómo se supone que haya estado? —replicó Jacqueline ojeando el menú.

—Por favor, Jacky, no comencemos así —le contestó él en tono de disculpa. Entonces, Jacqueline recordó que Jeff le había dicho que Phil no tenía idea de que ella sabía los detalles sobre la jugada que le había hecho su amante, Reyna. Como mucho, Jacqueline, sólo sabía de su muerte y no el papelón que le hizo pasar. Jacqueline quiso evitar el tema de Reyna, pero las imágenes de la noche de su última pelea invadieron su paciencia y no logró controlarse.

—Siento mucho lo de tu amiga, Reyna —dijo Jacqueline.

Phil, puso su bebida sobre la mesa, alzando la mirada.

—¿Quién te lo dijo? ¿Jeff? —preguntó él, transformando su semblante a uno aún más oscuro.

—Sí —respondió Jacqueline.

—Ha sido un "shock" para todos en la oficina —reconoció él. –Era tan joven.

—De veras que lo siento mucho —dijo Jacqueline.

—Reyna y yo teníamos muchos problemas, Jacky —explicaba Phil. –De verdad que, desde que me fui de casa, no he parado de pensar en ti, y cuando los niños preguntaban por ti, todos los días, no sabía qué decirles.

—Por favor, Phil ¿Te tomó treinta días y la muerte de tu amante para que me extrañaras?

—No. En realidad, no es así. Creo que he cometido un error —dijo Phil tomándole la mano.

Jacqueline se zafó de su agarre para tomar su vaso de agua. Jacqueline caía en sí, consciente que su encuentro no era una celebración y, ahora comenzaba a arrepentirse de haberse encontrado con él para hablar a solas. Lo miraba detenidamente, viendo su mirada apagada. Jacqueline no sabía qué creer pero dudaba que Phil le dijera la verdad. Sin embargo, cuánto más Jacqueline lo pensaba, más la punzaba su conciencia. No tenía sentido estar con Phil a estas alturas. Supo de tan sólo mirarlo que, no era a ella a quien Phil buscaba, sino salvar su reputación. Phil estaba derrumbado y no era por extrañarla, era por la muerte de aquella joven, que para colmo lo había engañado. Su matrimonio era insalvable y ella lo sentía con simplemente mirarle a los ojos.

—¿Qué quieres, Phil?—preguntó ella.

—Quiero que seamos una familia otra vez, Jacqueline —recalcó Phil. —No estoy orgulloso de lo que hice, pero creo que merezco una oportunidad, por nuestros hijos, por nosotros.

Jacqueline guardó silencio sin sentir debilidad ante él. Sin pensarlo, le contestó con toda la rabia que guardaba hacia él por tantos años de maltrato.

—¿De verdad que ahora quieres una familia? —dijo ella.

—Sí Jacqueline... Podemos ir a terapia de parejas, no sé. Lo que tú entiendas necesario, no quiero que rompamos nuestro hogar.

Jacqueline lo miraba, con ojos cristalizados de coraje.

—Lo siento, Phil. – dijo ella.

—Sólo llevamos treinta días separados, Jacqueline —suplicó él.

—No, Phil. Llevamos mucho más de treinta días separados, llevamos años separados, gracias a ti y tus desprecios. ¿Qué puedo esperar de ti, recogerte ahora y esperar a que llegue una nueva chica a la oficina y te vuelvas a encaprichar?

—No hables así.

—¡Sí, hablo así! Tú te fuiste de casa, tú eres quien destruyó nuestro hogar hace años... Y tú eres quien ha usado nuestro dinero para comprar un apartamento a una chiquilla que no te quería.

Al espetarle la verdad Phil cambió el tono.

— ¿Acaso prefieres quedarte sola como una vieja solterona? —dijo Phil, rebosando en prepotencia.

Jacqueline se levantó, alzó la mano y llamó al camarero.

—Mi abrigo, por favor —pidió Jacqueline y el joven se lo buscó.

—No hagas esto, Jacqueline. Estás actuando como una niña, de forma irracional —replicó Phil mientras los clientes del lugar observaban el espectáculo desde sus mesas.

—No, Phil. –dijo ella frente a la mesa–No soy una niña irracional. Soy la idiota que estuvo contigo por años, sabiendo que eres un patán.

El hombre con quien me casé está muerto, y no voy a perder mi tiempo contigo buscando resucitarlo.

—Te vas a arrepentir si te vas, Jacqueline. Siéntate y hablemos como personas civilizadas. Sabes que no estás segura de lo que dices...—afirmó Phil.

Jacqueline vistió sus manos, calmadamente, con sus guantes de piel.

—¿Sabes de lo que sí estoy segura? Que preferiría morirme antes de volver contigo —afirmó ella echándose el bolso al hombro.

Phil acechó a ambos lados, avergonzado viendo cómo Jacqueline se echaba a andar sin mirar atrás. Entonces Phil alzó la mano y, sin ordenar bocado, pidió la cuenta.

Jacqueline regresó a su edificio y, una vez en casa, Ariana se le acercó, notando un brillo diferente en su rostro.

— Parece que te fue bien en la reunión con el diablo...

–Más o menos...– dijo Jacqueline sonreída.

–¿Sabes qué?– continuó Ariana– William va a firmar mañana la aprobación con la junta para la conversión a cooperativa. ¡Tengo el trabajo de agente exclusivo en el proyecto de SoHo! —declaró Ariana emocionada.

—¡Felicidades! —exclamó Jacqueline.

—Oye, y tu almuerzo, ¿en qué paró? Si no llevas fuera ni una hora...

—En verdad que quise escucharle hablar, pero caí en cuenta que sólo perdería el tiempo con él... Nada nuevo.

—Pero, ¿en qué quedaron?

—En nada. Me fui del lugar. Que hable con mi abogado– dijo Jacqueline descalzándose las botas.

—¿Lo dejaste solo?

—No —le contestó Jacqueline. –Lo dejé en un restaurante lleno de gente.

—¿No comiste?

Jacqueline lo negó moviendo la cabeza.

—De verle la cara, simplemente, se me quitó el apetito.

A Ariana le hizo gracia el comentario, asimilando que en su amiga nacían nuevas actitudes y eso ella admiraba . Jacqueline se cambió de ropa a una más cómoda y ordenaron pizza. Al rato retomaron sus asientos en el sofá. Los niños se le echaron encima a Jacqueline, sintiendo el ambiente menos cargado en casa, gracias a la ausencia de Phil. Para Jacqueline ahora sus hijos serían su total prioridad.

Esa tarde, Ariana logró por fin hablar con su hijo Charley, y él notó un cambio en su madre. A diferencia de otras veces, ahora la sentía presente durante la conversación y se mostró menos reacio a verla, una vez terminara los exámenes. También quedaron en planear un viaje en el verano y fue entonces que Ariana pudo apreciar que él necesitaba esa conexión también. Algo le decía que lograría recuperar todo el cariño que no logró reforzar durante los años perdidos.

Jacqueline y Ariana se habían apoyado mutuamente en esos momentos amargos que traen los cambios inesperados. La intensidad de sus vivencias perdía gradualmente su fuerza y ahora ambas daban la bienvenida a la nueva identidad que les brindaba el optimismo, la amistad, y el gran comienzo de una nueva vida. A Jacqueline las amenazas de su esposo ya no la intimidaban y fue entonces que advirtió que tan sólo el amor propio junto a su independencia, serían para siempre su mejor aliado.

Fin

99123511R00099

Made in the USA
Lexington, KY
13 September 2018